6.95

Petite

GENEVIÈVE BRISAC

Petite

ÉDITIONS DE L'OLIVIER

ISBN 2-87929-060-0

à ma mère.
pour mes filles, Nadia et Alice.

CHAPITRE PREMIER

Je n'aurai plus jamais faim, me suis-je dit. Il était sept heures du soir et j'avais faim.

Sur la table roulante de la cuisine, contre le mur, le gâteau aux noix rayonnait. La cuisine était dans l'ombre, le chocolat glacé brillait. Une roue noire piquetée de demi-noix parfaites, blanches, absolument pas tachées de chocolat. Je lui ai dit adieu pour toujours.

J'avais treize ans, et fini de grandir. On mange pour grandir. Je ne grandirai plus, m'étais-je dit. Je ne mangerai plus que le minimum. Ce qu'il faut pour durer. Cela faisait comme un champ d'exploration immense, la découverte d'un territoire sauvage et secret.

Je n'avais aucun secret.

Des désirs oui, une volonté de fille de fer. J'eus un plan. D'abord, vider mes poches. Mes poches adorées d'anorak, pleines de miettes. Garder la capuche à col de fourrure qui fait une figure d'esquimaude, et désormais, aller tête couverte, et poches vides, poches retournées.

Jusqu'à ce samedi décisif, j'avais des trésors dans mes grandes poches d'anorak. Des bouts de mimolette étuvée emballés dans du papier d'aluminium, des barres de quatre carreaux de chocolat, qui va très bien avec la mimolette, des galettes bretonnes pour la récré, et enfin, cinquante centimes pour acheter un pain aux raisins à la sortie. Mon plan : suppression du pain aux raisins, accumulation des pièces de cinquante centimes. Deux pierres d'un coup. Je pourrai faire davantage de cadeaux, je serai riche assez vite. Je me sentais soudain forte et pleine d'avenir.

Dès le dimanche matin, j'eus faim. Je m'habillai et descendis acheter des croissants pour le petit déjeuner en faisant des exercices musculatoires sur les marches de l'escalier. Les odeurs de la boulangerie m'exaltèrent.

Je remontai les étages en raidissant les tendons de mes cuisses. C'était le printemps. Le flou angoissant du printemps. En préparant le plateau, un croissant pour chacun, pas de croissant pour moi, je sentis un petit filet de joie à hauteur de poitrine.

Assise sur une chaise, Nouk, assise au bord extrême de la chaise, pour éviter l'écrasement de la chair des fesses, lit *la Légende des siècles* à ses petites sœurs.

C'est *la Chanson de Roland* :

«Ils se battent, combat terrible, corps à corps.
Voilà déjà longtemps que leurs chevaux sont morts...»

C'est très beau.

Roland n'a pas un gramme de graisse autour des cuisses. Ils ont des cuirasses de hannetons, bien nettes, et pas de miettes qui les grattent à l'intérieur.

Cora et le bébé écoutent, en dépiautant leurs croissants selon des techniques particulières. Nouk psalmodie, il ne faut pas que la voix monte au milieu des vers, il faut une scansion sombre et régulière qui remplisse bien toute la chambre.

Nouk, c'est moi.

Mes deux sœurs sont très belles. Cora a des yeux immenses comme la mer Noire, *Tchernoïe Morie*, et un air tragique. Le bébé est blonde et crémeuse. Je suis leur esclave, leur mère supplétive et leur chef.

Je laisse Roland et Olivier se battre, on peut très bien lire, mettre le ton et penser à autre chose. J'ai sept ans, soudain, la maîtresse raconte une histoire, les Huns envahissent la Gaule, ils sont là, tout près de Lutèce, et une femme se lève, elle n'a pas un gramme de graisse autour des hanches, elle est toute droite et un bras levé, comme la statue de la Liberté. La maîtresse dit d'une voix douce et taquine : savez-vous comment s'appelait cette femme, un très drôle de nom. Elle s'appelait Geneviève.

Et moi, je me lève, toute seule, sur une île déserte, toute rouge, bouleversée par ce destin. Je m'appelle Geneviève, c'est mon véritable prénom. On ne m'appelle jamais ainsi, pourtant. C'est un nom trop lourd.

Mon plan marche à merveille. Je ne mange plus, avec talent, avec discrétion.

Sur le chemin du lycée, nous rêvons à haute voix, mon amie de cœur s'appelle Joëlle, elle est couverte de taches de rousseur, et son nez retroussé minuscule me fascine. Elle a un profil de petit cochon, dit ma mère, qui déteste toujours mes amies. Ma mère trouve Joëlle stupide. Elle a raison. Mais elle ne comprend pas que je m'en fiche. Ce qui compte pour moi, c'est la grosse bouche rose de Joëlle, ses yeux ronds et sa manière de m'écouter.

Ce que j'aime par-dessus tout, c'est sa maison qui sent le chou-fleur à toute heure, le chou-fleur et les tissus, une odeur de housses, de couvertures, de laine et de draps, comme un nid. Dans le gros nid de Joëlle, il y a une vie chaude, inconnue, rassurante pourtant.

Chez elle, sur le sol, on a installé cette année une moquette à poils longs. Dans mon esprit, c'est le comble du luxe et du mauvais goût, du relâchement. Un peu comme ne pas s'habiller avant midi le dimanche. Chez nous, la chambre des enfants a un sol de linoléum bleu turquoise, très rayé déjà. C'est une autre sorte de modernité, dont j'étais fière autrefois.

Joëlle travaille mal, ça lui est égal. Ses parents aussi s'en moquent, je crois. Elle va à des surprise-parties et écoute des disques 45 tours. Elle a déjà mis des bas et du vernis à ongles. Elle a un frère de dix-sept ans à qui je n'adresse jamais la parole. Joëlle, c'est un peu le diable. Un diable rose, aux yeux ronds et aux dents écartées du bonheur. Ensemble, nous parlons de notre avenir. Je fais des serments qu'elle ne comprend pas. Elle me raconte ce que disent les autres filles de la classe. Je ne sais pas comment elle sait tant de choses dont je n'entends jamais parler. Joëlle dit que je leur fais peur.

Elles me trouvent orgueilleuse et redoutent les phrases méchantes qui, paraît-il, sortent de ma bouche.

Un jour je jure à Joëlle que je ne ferai jamais de psychanalyse. Ça la laisse de marbre. Ses parents, de toute façon, disent que c'est des trucs de fous pour piquer le fric d'autres fous, et qu'on ne voit pas comment le fait d'aller raconter sa vie à un cinglé qui n'écoute même pas pourrait vous aider à quoi que ce soit. Ses parents disent aussi que toutes les maisons de campagne qu'on a construites ces dix dernières années autour de Savigny — c'est leur maison —, ont été bâties pierre à pierre avec l'argent de ces gogos qui vont sur des divans.

Je ne dis pas à Joëlle mes raisons. Je ne ferai pas de psychanalyse, parce que j'ai peur de ce qu'il y a dans ma tête, comme les autres filles de ma classe. Et aussi, parce que j'y tiens, c'est mon capital le plus précieux, comme dit mon grand-oncle, qui est communiste. D'ailleurs, avec Joëlle, nous ne nous comprenons absolument pas, et c'est la base même de notre profonde affection.

Je ne dis pas à Joëlle que j'ai décidé d'arrêter de manger. Je détesterais qu'elle m'imite. J'ai l'impression que toute personne à qui je confierais mon secret serait tentée de faire la même chose, et que le monde s'arrêterait de tourner. Ou, dans un premier temps, que mon entreprise serait annulée. Ce qui en fait l'intérêt, c'est que je suis seule au monde à avoir eu cette idée.

Le mardi après les cours, je vais à la piscine.

La monitrice dit que je pourrais être championne de dos crawlé, si je le voulais. J'aime la compétition. La ligne de départ, la seconde où l'on bascule, dans une détente, le mouvement de retournement, le virage au bout de la piscine, l'eau qui entre dans les yeux, les boudins bleus qui délimitent les couloirs de chaque nageuse, le sac en plastique aérodynamique qu'on se met sur la tête. J'aimerais être championne de natation. Ou championne de n'importe quoi. Ma principale fierté c'est de tenir plus longtemps que toutes les autres sous l'eau. Ça veut dire que j'ai des poumons immenses, et c'est rassurant.

En rentrant de la piscine, je passe devant un vendeur de crêpes. J'en prends une aux amandes. C'est très chaud, très compact, et les amandes pilées crissent sous les dents. Parfois je pense à cette crêpe dès l'arrivée à la piscine. J'y pense à chaque moulinet de bras, à chaque tasse que je bois. Ce mardi du changement de ma vie, je renonce à la crêpe aux amandes. Je n'en mangerai plus jamais.

Sur le quai du métro, je rêve à ce jamais. La rame arrive, les portes s'ouvrent et se referment. Derrière la vitre salie, un homme et une femme s'embrassent, j'ai le sentiment d'une découverte. La conviction aiguë et brutale que c'est par la bouche qu'on fait les enfants.

Le train s'en va. Je n'aurai jamais d'enfant.

Ça fait longtemps que j'y pense. C'est une certitude acquise dans des toilettes anglaises, il y a deux ans, peut-être. La maison était triste, et ses habitants incompréhensibles. J'y passais le mois de juillet, pour me baigner dans leur langue. J'avais tout le temps peur.

Peur de la fille aînée qui m'emmenait sur la route où elle rencontrait des garçons qui l'embrassaient et lui touchaient les seins. Ils étaient très gros, ses seins, accrochés sur son torse maigre. Ce qui m'effrayait le plus, c'était son rire. Un rire de loup, me disais-je. Moi, je suis une petite chèvre, plate et stupide. J'avais peur d'être touchée, et plus encore d'être bête.

Je restais des journées entières avec l'autre fille de la famille, une petite mongolienne, et puis je m'enfermais dans ma chambre et j'écrivais à mes parents de discrets appels au secours, je craignais aussi que mes hôtes ne lisent les lettres, et ne se vengent de ma tristesse. Mais à ce moment-là, j'avais une autre idée de la manière dont naissent les enfants. Par le bas, comme on chie. Et sur cette cuvette anglaise, en contemplant la porte de vitre épaisse, le loquet tordu, et les plaques de peinture écaillée, constipée par l'exil, j'eus la conviction intime, profonde, lumineuse, qu'incapable de me délivrer d'une simple crotte, je serais évidemment totalement inapte à donner le jour à un bébé.

Il fallait simplement ne le dire à personne. C'est gênant et dangereux d'avouer aux gens qu'on est différent d'eux, ils essaient de vous démontrer le contraire, on attire leur attention, et ils deviennent méchants.

À dix ans, j'étais une petite fille ronde, et j'avais peur

de l'eau. J'étais certaine que mon poids m'entraîne-rait nécessairement au fond de la piscine. La moni-trice à qui je m'en ouvris — à cette époque j'avais encore confiance dans la compréhension d'autrui — me poussa avec sa perche, pour me démontrer mon erreur. Je tombai à l'eau. À l'odeur chaude de javel, au bruit aigu et intense de la piscine succédèrent la suffocation et le silence. L'eau me remplit, vis-queuse et mortelle. Je coulai comme une pierre, comme une éponge gavée d'eau, lestée de résignation. Je ne fis pas un mouvement. Bien sûr, je remontai à la sur-face après avoir touché le fond. Je restais convaincue d'avoir raison. La monitrice à la perche métallique aussi.

C'est à ce passé pauvre que je pensais sur le quai du métro. À cette noyade, à cette constipation, à la vic-toire que représentait mon avenir de championne de dos crawlé. Championne comme Kiki Caron, avec des épaules d'armoire et un petit bonnet bleu collant sur la tête.

Mais était-ce un destin digne de mes parents ? Évi-demment non. Sur le chemin du lycée, nous en parlions avec Joëlle. C'est moi qui parlais. « Tu comprends, mon père et ma mère réunissent à eux deux tous les talents. Mon père est ingénieur. J'adore ce mot, c'est comme seigneur, c'est comme génie. Il est fort en maths, en géographie, il est la science, la logique, et de lui j'ai reçu le don des chiffres. Ma mère, elle, parle aux cailloux des chemins, elle donne des noms aux crapauds, elle sait lire les lignes de la main et connaît toutes les gargouilles de Notre-Dame par leur prénom. Elle est philosophe et elle dessine sur le bloc à côté du téléphone. Elle écrit des émissions pour la radio, elle connaît la mythologie par cœur, et d'elle j'ai reçu le don des mots. »

Ça impressionnait Joëlle. Ça l'énervait sans doute aussi, elle disait : « Ça ne te fait que deux fées sur ton berceau. » Ou : « Et qu'est-ce qui reste à tes sœurs ? »

Elle disait : « Ce que vous pouvez être prétentieux dans ta famille. » Elle disait : « Tu serais moins orgueilleuse, si tu venais au catéchisme, le curé dit que nous sommes tous faillibles, faibles, c'est la même chose, de misérables moutons que sauve le Berger. » Joëlle ressemblait parfois à un mouton, quand elle ne ressemblait pas à un cochon.

Je n'aimais pas l'idée du mouton, ça me rappelait une phrase pénible, une phrase qui traînait dans l'air, les Juifs se sont laissés tuer comme des moutons. Et qu'est-ce qu'il faisait, le Berger, pendant ce temps ?

Joëlle disait : « Et modeste, ça vient de ton père ou de ta mère ? »

Je disais à Joëlle : « Le courage, c'est plus important que ta modestie. Ta modestie, c'est le mot poli pour dire flemme. » Et nous étions un peu en froid.

Mais avec un héritage biologique aussi lourd, il était impossible de n'être championne que de natation.

Même de dos crawlé, spécialité que j'ai toujours trouvée plutôt sophistiquée.

C'est à cette époque, peu après mon changement de vie et mon renoncement aux gâteaux au chocolat, à la mimolette et aux crêpes beurre sucre amandes, que j'entrai dans ma saison dite des accidents.

Championne d'accidents me parut, pendant un court temps, une chose assez valable. Mais je dois reconnaître que je n'y étais apparemment pour rien. Pendant six mois, j'eus l'air d'un boxeur sortant du ring. Ça commença, une fois de plus, à la piscine.

Un poing m'arriva en plein dans l'œil. Puis quelqu'un plongea au moment où je passais, aveuglée par l'eau projetée par mes battements de pieds et mes moulinets de bras, et m'assomma.

Au troisième accident, mes parents, ces fées penchées sur mon avenir glorieux, décidèrent d'interrompre provisoirement ma carrière de nageuse.

Dans les semaines qui suivirent, je m'ouvris le crâne sur un radiateur, puis quelque main secourable me cogna vigoureusement la tête contre la grille du jardin public. Je rentrai précipitamment à la maison. Je me plantai devant la glace de la salle de bains. Je vis que je gonflais à vue d'œil. Comme si ça n'allait jamais s'arrêter. Mon nez disparaissait, il n'y avait plus que les deux narines pour signaler son ancienne existence. Je me mis à hurler, seule devant mon image méconnaissable, seule dans la maison, le temps se distendit. Qu'est-ce qu'on peut faire quand on devient folle, me demandai-je, paniquée.

C'était une nouvelle certitude, par-dessus celle de ne pouvoir avoir d'enfant, et qu'ils se faisaient par la bouche : je risquais de devenir folle, et le pire, me disais-je avec effroi, c'était la peur non pas principalement d'être folle, mais d'être folle et par conséquent de ne pas me rendre compte que j'étais folle. Et c'était une inquiétude assez légitime, car j'étais en train de devenir folle, de ne pas m'en rendre compte du tout. Mais, évidemment, ça ne se passait pas devant la glace de la salle de bains, ça n'avait rien à voir avec mon nez cassé et mes yeux tuméfiés.

J'étais une folle logique comme mon père, poétique comme ma mère. Les dons des fées peuvent s'utiliser de toutes sortes de manières.

Je ne peux pas être championne de natation, c'est décidé. À la place, je fais du latin, des maths et de l'histoire. Je suis amoureuse de la prof de latin, dont je copie la voix douce et la démarche chaloupée, je voudrais ses cheveux blancs, et, à défaut, j'imite le mouvement horizontal de son bras quand elle marche, un mouvement de pare-brise sous la pluie que je trouve idéal. Tous les soirs, je fais tous les devoirs demandés pour toute la semaine, je passe des heures à confectionner des listes de vocabulaire, je me saoûle d'algèbre, de dates. Avant le dîner, je recalcule, chaque jour, ma moyenne dans chaque matière. Je ne vois plus Joëlle, elle m'ennuie. Tout le monde m'ennuie. Parler est une perte de temps.

Mes moyennes augmentent et mon poids baisse. Tout va très bien. Tout va très très bien.

Je passe ma vie devant mon secrétaire, qui est dans un coin de la chambre des parents. Parfois je me retourne et je regarde leur lit, le couvre-lit rouge usagé m'émeut. Avant d'aller me coucher, je leur écris des messages que je glisse sous l'oreiller. Je ne vous quitterai jamais. Je vous aime. Ils trouveront ça pendant mon sommeil, ils seront heureux de leur fille aînée si aimante, si parfaite.

Je glisse des messages sous leurs oreillers.

Ils ne répondent jamais.

Chaque fois que j'écris : « Je serai toujours avec vous », je pense : « Un jour, il faudra que je m'en aille. » Et où irai-je ? J'ai peur qu'ils meurent, un jour. Les petits mots sont tout ce que j'ai trouvé pour empêcher cette déchirure lente, cette fêlure du monde qui menace. Ce sont des prières, et des mensonges.

Il y a aussi les cadeaux, que nous leur préparons, Cora, le bébé et moi. Les cadeaux représentent des heures de travail, des mois d'économies. Nous allons au Parthénon, une boutique d'objets. Il y a des chouettes en terre, des cendriers de céramique, des vases, des éléphants noirs. Maman aime les hiboux et les chouettes, parce que sa mère est grecque et que la chouette est l'oiseau d'Athéna. Elle aime les éléphants pour leur trompe. Nous lui en offrons des milliers, comme on déverse de la terre dans un trou sans fond. Pour papa, nous achetons des pipes dans un magasin très sombre, où règne une odeur sévère de cuir et de bois. Il n'aime que ce cadeau, les pipes. Il est toujours content d'en avoir une de plus, même si l'on ne voit pas bien la différence.

Malgré les messages et les cadeaux, il me semble que nos parents ne sont jamais satisfaits.

Ils ont sans doute des inquiétudes, ou des peines qui nous échappent. Il est difficile d'attirer leur attention.

Et nous ne savons presque rien d'eux, car nous avons appris à ne jamais poser de questions.

Un jour, nous montons dans la DS bleue. Nous allons à Malesherbes, voir la mère de maman qui est très malade.

Quelques jours après, elle meurt.

Cela met maman dans un état d'immense fatigue, et elle s'en va à son tour se reposer dans une sorte de jardin très triste, rempli d'écrivains malades. Nous remontons dans la DS bleue qui gonfle sur ses pneus au démarrage. Nous allons la voir. Nous marchons sans bruit dans les allées, le gravier crisse, les écrivains malades ont l'air de fantômes et maman aussi.

Nous sommes de l'autre côté du Styx, dis-je à papa, ou à Cora, dis-je à personne, car personne ne peut entendre des choses pareilles.

Maman revient, elle ne meurt pas. Elle se coupe seulement les cheveux. Ses énormes cheveux trop lourds pour sa fatigue. Elle ne met plus son manteau en astrakhan, ni celui en mouton doré. L'époque n'est plus aux fourrures. Elle met un caban. Je voudrais l'entraîner dans des boutiques pour qu'elle se mette de jolies choses. Je choisis pour elle des pull-over et des jupes de cachemire dont elle ne veut pas.

D'ailleurs, papa ne la regarde pas, il a lui aussi de la peine, sa mère meurt lentement depuis trop longtemps.

Un jour, on nous dit que nous ne la verrons plus. Nous ne demandons rien, ni quand elle est morte, ni où. Il y a une sorte de nuage qui empêche de dire les choses. Nous n'allons pas non plus à l'enterrement. Mais nous sommes obligées de penser constamment à elle, à cause de toutes les marques de sa difficile existence, des poignées d'acier le long des murs des maisons où nous allions ensemble, des sonnettes, pour prévenir, et de son odeur de personne malade que nous ne remarquions pas quand elle était là, mais qui flotte, et ne se dissipe pas avec le temps.

Cela m'étonne qu'elle ait pu mourir, elle était si malade et depuis si longtemps, que je la croyais immortelle.

Nous disions : notre grand-mère est paralysée. Nous pensions qu'elle avait été atteinte au cœur par un copeau de glace, comme le petit Hans dans *la Reine des Neiges*. Depuis, le copeau répandait son poison, et son corps se pétrifiait progressivement. Un jour, quand elle avait trente ans, elle avait eu un peu mal aux jambes, un vertige. Vingt ans plus tard, elle ne pouvait plus rien faire seule. Après ses jambes, la glace avait gagné ses bras, nous n'arrivions plus à déchiffrer les mots qu'elle essayait d'écrire, la moitié de son visage était lisse et inutile, et sa langue, dans sa bouche, chaque jour plus lourde et vague.

Elle aimait les promenades en voiture, mon grand-père conduisait.

Elle aimait bavarder en regardant le paysage, mais il devenait sourd, tandis qu'elle devenait inaudible, sa langue s'embarrassait dans sa bouche. Il y avait aussi le bruit du moteur, et elle s'exaspérait de ces conversations absurdes, elle avait l'impression qu'il faisait exprès de ne pas comprendre.

Il a eu une idée, il a acheté un auto-radio. Ils ont eu de nouveau le sentiment qu'ils communiquaient.

Pour ma grand-mère, son mari a acheté une maison de campagne, nous y allons tous les samedis, après le déjeuner, nous rentrons le dimanche, comme tout le monde. Il y a un portique, où nous préparons des numéros d'équilibristes, et des vélos. Je n'aime pas y amener des amies, car elles font des remarques pénibles sur les joues, les yeux, l'élocution de ma grand-mère. Je crains aussi les deux repas, ceux du samedi soir et du dimanche midi, qui envahissent la journée de leur terrible rituel.

Avec ma grand-mère, nous passons deux heures, chaque dimanche matin. Elle est dans son lit, adossée à plusieurs oreillers énormes. Devant elle, assises autour d'une table ronde, Cora, le bébé et moi, nous peignons des paysages, de petits tableaux en plâtre, des poupées auxquelles nous dessinons des robes à paniers de duchesses ou des robes modernes, nous avons des vocations de grand couturier, nous sommes concentrées sous son regard comme sous une lampe, très silencieuses. Il ne nous viendrait pas à l'idée de ne pas venir, un matin de soleil.

Nous faisons aussi des vitraux avec des papiers de couleur transparents, et, parfois, des jeux. Mon jeu préféré est le Diamino, à cause des diables qui peuvent remplacer toutes les lettres, et dont je contemple à chaque fois le petit visage fin, la barbiche. Nous comprenons, nous, tout ce que ma grand-mère dit, parce que nous ne voyons pas son état s'aggraver, que nous l'accompagnons, sans nous poser de questions. Je crois que nous pensons simplement qu'elle est vieille. Elle est immobile, dans son lit, ou dans son fauteuil, elle demande des choses, que les adultes lui apportent avec un agacement un peu effrayant, c'est un grand animal malade, que nous considérons avec une crainte et une affection qui n'ont pas de nom.

Ils l'ont enterrée. Nous faisons exactement comme si de rien n'était. Mais cette maison de campagne, la seule chose intelligente que j'ai faite dans ma vie, dit mon grand-père, ne tient pas bien debout sans elle.

Je la vois comme un piège.

J'essaie de ne plus assister aux déjeuners du dimanche. Pendant deux heures, je tourne à vélo, j'ai le sentiment d'exercer là une liberté indéfinissable, d'y gagner quelque chose. Je ne sais pas quoi, mais je suis convaincue qu'un jour je le saurai.

Je pédale fort, je monte des côtes très longues, je ne regarde rien, je cherche à faire sortir quelque chose de mon corps, la graisse, la chair en trop, et autre chose de lourd, d'asphyxiant. Plusieurs fois par jour, je mesure le tour de mes cuisses avec un mètre ruban jaune, en trichant, dans un sens ou dans un autre, pour me convaincre que j'ai encore perdu un centimètre ou, au contraire, pour me meurtrir de n'avoir pas assez perdu. Je serre les cuisses pour vérifier que le jour passe bien entre elles, je mesure aussi mes bras. À chaque balance, je me pèse, plusieurs fois de suite, en cherchant souvent un appui, pour tricher encore.

J'ai éliminé les pâtes, les pommes de terre, sous toutes leurs formes, le riz, le sucre, le pain, la confiture, les gâteaux, évidemment, le camembert et les glaces. J'ai dans ma chambre des tables de calories, et un «Que sais-je» de diététique.

Je me réjouis à l'idée que mon estomac rétrécit. La nourriture envahit ma vie, mon corps remplit mon espace mental, je me trouve énorme, malgré les preuves des balances et des mesures. Autour de moi, les voix s'éloignent, je n'entends plus rien. Autour de moi, les choses se décolorent.

J'écris de petites histoires, sur des bristols. L'histoire d'un cochon trop gourmand, mort d'une indigestion de jambon. Le cochon gourmand a eu l'idée de se goûter, il n'a plus pu s'arrêter. «*Histoire d'un cochon narcisse, mort d'une introspection de jambon*», écris-je. Je voudrais faire une illustration, mais c'est impossible à dessiner.

Le professeur d'histoire s'appelle Madame Néré. Elle est très brune, espagnole et carrée, elle parle pendant des heures des Cathares. Je deviens Cathare. Je lis *le Bûcher de Montségur*, je rêve de châteaux très sombres, de murs épais et de pièces vides. Tout ce qui est vide me plaît. Madame Néré est protestante. Je fais des exposés sur la grâce efficace, je choisis les calvinistes, plus secs, il me semble, que les luthériens, que j'imagine avec de gros ventres.

Je lis des livres de religion et des livres de science-fiction.

Un jour le charme se rompt, brutalement.

Je suis au tableau, je récite. Je sais les textes grisés du livre d'histoire par cœur, je me remplis de choses apprises par cœur. Cela fait partie de la perfection, comme de pédaler jusqu'à l'épuisement.

Madame Néré ouvre la bouche. Elle dit : « Tu deviens un vrai ectoplasme ! »

Tout le monde rit. C'est un mot terrible, dont j'ignore le sens, et qui m'humilie. Je suis nue sur l'estrade, on vient de révéler quelque chose sur moi. Quelque chose de sacré et secret est déchiré par un mot qui m'éclabousse.

Je ne suis plus reliée aux adultes.

CHAPITRE DEUX

Peu à peu les choses deviennent visibles. Peu à peu, les gestes secrets, répétés suffisamment souvent, pendant suffisamment longtemps, sont pris au filet de l'attention de ceux qui vous entourent. Toujours. Je ne sais pas pourquoi. Je ne sais pas quand, ni comment, mes parents m'ont vue.

Il me semble, contrairement à mon professeur d'histoire adorée, qu'ils ne m'en ont rien dit.

Ils n'ont pas dit comme tu as maigri, ma fille. Ni que t'arrive-t-il ? Peut-être ont-ils eu d'autres mots, dont je ne me souviens pas. On écrit avec ce qu'on a oublié. Je suis le chemin de ces années à tâtons, ce sont mes petites années noires, je ne me souviens presque pas des faits, je les invente peut-être. Je me souviens des détails, des objets, de gestes, et de mon mal comme si c'était aujourd'hui. En écrivant ces lignes, alors que presque trente ans ont passé, j'ai peur, je le fais parcimonieusement, avec une prudence excessive. Je le fais parce qu'il me semble que c'est nécessaire.

Je ne peux évoquer ces années-là sans peur, ni sans honte, ni sans que mon cœur batte, idiotement, trop fort.

Ils n'ont rien dit. Je peux imaginer qu'ils ont été voir un médecin. Notre fille se tait, évite la table familiale. Notre fille ne mange presque plus rien, elle maigrit beaucoup. Je n'imagine pas qu'ils aient parlé de mes seins qui ne poussaient pas. Des règles qui n'étaient pas apparues, alors qu'elles m'étaient depuis si longtemps promises par ma mère. Elle m'en avait parlé, avec difficulté, je ne pense pas que cela lui était facile. Il était question de coton à se mettre entre les jambes. J'ai vu de ce sang sur les bords de cuvette des toilettes, et je n'en aime pas l'odeur, aurais-je pu dire, dans un monde où j'aurais dit ce que je pensais. Ce monde n'existera, je le crains, jamais. Malgré des avancées et des sorties téméraires, à cause de retraites souvent anticipées.

Le docteur est un homme expérimenté, un grand professeur qui a vu des milliers d'adolescentes torturer leurs parents. Il dit qu'il faut des attentions particulières à cette jeune fille, s'en occuper, la rassurer. Peut-être s'avance-t-il sur un terrain personnel, j'en doute. Il donne des fortifiants, de la Frubiose, des comprimés qui donnent faim.

Jamais on ne me fera avaler une chose pareille, avec tout le mal que je me donne pour lutter contre elle.

La faim.

Je vis avec la faim, je la mate, je la dompte, je l'apprivoise, je l'endors. Après avoir été cruelle, elle se calme toute seule, il suffit d'attendre. Je sais qu'un bonbon la trompe. J'aime la sentir toute la journée, juste en dessous du plexus, un courant d'air qui me réunit à l'air du ciel. Je considère que la faim me donne une énergie immense, une légèreté de sarcasme. Mes pieds ont moins à porter, et même si la surveillante générale m'a dit que j'étais longue comme un jour sans pain, et qu'on me trouvait désormais agressive et méchante — alors qu'il me semble ne dire quasi rien à personne et passer comme une danseuse — je suis fière de mon entreprise. J'allège le monde.

Rompre le cycle de la lourdeur, de l'avidité, des déchets, du trop. Si je ne mange rien, rien ne me mangera.

Je sèche les repas, j'échappe aux chaînes alimentaires, à toutes les chaînes. Je m'enivre de faim, je m'exalte de théories immenses, dont j'attrape des bouts qui m'arrangent.

Et comme arrivent les vacances, on m'emmène, soudain sacrée fille unique, dans le Midi. Un voyage, disent mes parents. Des musées, des hôtels, et puis un séjour chez des amis, dans les Alpes de Haute-Provence. J'aime le soleil, la rocaille. J'aime Uzès, qui est un pays maigre, et j'aime les moutons. Il me semble que mes parents se disputent, j'entends de loin le son de leur chagrin. Je ne m'en occupe pas du tout. Je m'occupe de bronzer mon bras par la portière, je pense à ne rien manger, puisqu'on ne me dit rien à ce sujet.

Des tableaux, des châteaux, des vieilles pierres, je ne vois pas grand-chose.

Ils disent qu'on est bientôt arrivé dans la montagne. Que cela devrait me plaire. C'est une bergerie, on y accède à pied, par un chemin de cailloux. Il faut vingt minutes de marche et ne pas se tromper. Là-haut, il n'y a pas d'électricité, pas d'eau courante, je dormirai sous une tente, et tout le monde sera nu, dans la journée, sauf mon père.

On gare la DS sur la place du village, et on marche.

L'ami de ma mère et de mon père est venu nous chercher, maman a l'air contente.

Il y a aussi une fille de mon âge, qui est blonde, mince, avec de gros seins et de grosses chaussures pour marcher sur le chemin.

Il y a beaucoup trop d'odeurs d'arbres, de fleurs, j'ai la tête qui tourne. Tout est trop intense, ici.

Soudain on voit les pierres de la bergerie, les deux pans de murs en terrasse, le jour tombe, tout le monde boit du vin rouge.

Je sais qu'il faut sourire et rire et être contente, je suis un petit bout de bois à qui on va apprendre à vivre. J'ai peur de tout, des scorpions, du vin, de la fille blonde, j'aime les tapis ramenés de Tunisie qui sont posés sur le sol.

Je me demande ce que mon père fait là, ça ne lui va pas du tout.

Il fait très chaud. Tapie sous un arbre, encerclée de prunes écrasées par leur chute, des prunes jaunes, de la confiture de prunes, je lis des histoires de robots ménagers en révolte, de bêtes à fourrure bleue si mignonnes qu'on en meurt, de conflits conjugaux dans des capsules spatiales.

Le soir, l'ami de ma mère allume un barbecue, j'essaie d'avaler la viande rouge, je la mâche inlassablement, jusqu'à ce qu'elle soit devenue une boule blanche, qui remplit bizarrement la bouche, plof dans une joue, plof, dans l'autre, il est aussi impossible d'avaler un morceau de viande trop mâchée que de sauter d'un plongeoir de cinq mètres après avoir trop longtemps regardé en bas. Je crache discrètement la boule de fibres dans l'herbe. Ça ne se voit pas. Au bout de trois jours, ça se voit, et surtout ça se sent. Je dois songer à passer aux heures où il n'y a personne autour de la table pour ramasser mes saletés.

Ce qui est compliqué avec ce trop grand désir de simplification de la vie, avec ce grand désir de pureté qui me possède, c'est qu'ils engendrent un univers, mon univers, parallèle, où tout est difficile, où rien ne va de soi.

Après le repas, on joue, ils parlent, les moustiques encerclent la grosse lampe à pétrole.

Je me mets à dessiner. Dessiner me tranquillise comme les histoires de robots.

Je dessine des dinosaures sortant de leur grotte, toujours le même dessin. Un jour, l'ami de ma mère se penche sur mon épaule. Il me demande si je sais ce que représentent ces dinosaures, ces cavernes. Il rit. Ça crève tellement les yeux, c'est tellement drôle, cette petite fille inquiète qui dessine des sexes, des glands, des verges, des testicules et des cavernes à la symbolique si grossière.

Je cesse définitivement de dessiner.

J'ai tout le temps peur qu'on me démasque.

J'ai peur, toute la journée, d'être touchée par ces corps nus, j'ai peur de les regarder, même dans les yeux, même à hauteur du front.

Sur une terrasse en surplomb, il y a une piscine en plastique gonflable, remplie d'eau un peu croupie et tiède, où sombrent des guêpes, où jouent les enfants.

De là, on voit la côte, qui est une splendeur, les rochers bruns et rouges, un peu plus loin, on voit l'Italie. Le frère de la fille blonde propose un jeu de jacadi. Nous sommes assis dans l'eau, en rond, jacadi mains sur la tête, jacadi mains aux épaules, jacadi mains sur la tête, mains sur les genoux. La fille blonde est éliminée. Il relance ses ordres. Mains sur la nuque, mains aux épaules, jacadi mains jointes, jacadi mains dans le tuitui. Je ne connais pas ce mot, je comprends très bien ce qu'il veut dire. J'ai perdu, parce que je ne peux pas le faire, et puis je suis la seule qui ne trouve pas ça drôle. Je fais des montagnes avec des événements minuscules, et je n'ai aucun humour. Dans ma petite tente, le soir, j'ai peur des bruits, et peur qu'un homme entre.

Dans la journée, je ne lis plus, je n'y arrive plus, je m'allonge dans l'herbe, un peu loin de la bergerie, je chasse les criquets et les sauterelles. Je les attrape, je les menace un peu, je les relâche, pour qu'ils sachent le bonheur d'exister.

CHAPITRE TROIS

La femme de l'ami de ma mère m'a embrassée au moment du départ. Son baiser sec et franc m'a attendrie. Je repense à son front immense, à ses petites jambes d'enfant africain, je la confonds avec Antonin Artaud, dont elle m'a donné un livre, très beau, plein de cris de douleur. Sur le livre, il y a une photo, le souvenir de la figure d'Artaud et celui de l'expression de cette femme se mélangent en une sorte de question.

Pendant tout le temps que nous avons passé dans la bergerie, il me semble qu'elle a vécu à part, dans sa cuisine noire, à éplucher les aubergines et les courgettes, à effiler les haricots verts qui poussent sur une terrasse, plus haut. J'ai compris qu'elle aimait Kant, le peuple algérien, Gaston Bachelard, et son mari. Il m'a semblé qu'elle avait, dans son minuscule corps de femme maigre, une passion qui la colorait de noir, un caillou de chagrin énorme. Pour elle, tous les jours, je suis allée ramasser les haricots, avec volupté. J'adore constater que, quelle que soit la taille du saladier, il en reste toujours autant. Je me dis que c'est là la source de la légende du haricot magique. Il n'y a pas à grimper, le trésor est illimité, et comme les haricots sont peu visibles, s'y ajoute un jeu qui s'apparente au jeu des sept erreurs que je fais tous les jours religieusement dans *France-Soir*.

La femme de l'ami de ma mère ne mange presque rien, elle boit seulement, et elle travaille.

Je m'assois à côté d'elle et je lis des choses bizarres. Angelus Silesius, je m'arrête sur une phrase : «La rose est sans pourquoi, elle fleurit parce qu'elle fleurit.»

La phrase tourne en boucle dans ma tête, comme une inscription lumineuse. Je suis convaincue qu'à force de tourner, elle va changer de nature, quelque chose va arriver. Mais la seule chose qui arrive, c'est que nous repartons.

Dans la voiture, je fais de considérables efforts pour bronzer équitablement mes deux bras maigres. Je peux maintenant entourer mon biceps de mon pouce et mon majeur noués. Je répète ce geste cent fois par jour, comme une vérification de moi-même. À l'avant de la voiture, mon père et ma mère, comme s'ils étaient très loin, dans un autre monde. L'arrivée à la porte d'Orléans crée une sensation étrange, toujours, un afflux de souvenirs d'innombrables autres entrées dans

Paris. Les feuilles des arbres me semblent énormes, et j'entends le bruit des pas des passants, et puis cette odeur tiède et poussiéreuse qui me rassure. J'éprouve du bonheur, et c'est chez moi.

Quand j'étais une enfant, nous revenions toujours à l'aube, assez tôt pour qu'il faille recoucher les enfants deux ou trois heures. On fermait les volets, nous nous allongions, en culotte sous les draps, et nous ne pouvions pas dormir, trop réveillées, trop occupées à respirer l'odeur normale de la chambre, soulignée par l'odeur de renfermé qui avait tout envahi.

Par la fenêtre entrouverte, on entendait des voitures. Des rais de lumière, des faisceaux de poussière lumineuse descendaient de chaque fente des volets. Ça faisait un temps arrêté, un entre-deux-mondes gris clair et jaune pâle, une tiédeur. Ce morceau de paradis est venu se greffer pour toujours sur chaque passage de la porte d'Orléans — uniquement elle.

Nous sommes arrivés.

J'ai, depuis un an, une chambre à moi. Je l'ai décorée, avec amour. Je suis particulièrement fière des deux marches de bois qui séparent le fond de la chambre, où je dors, et l'autre, où je travaille. Je suis fière aussi des tissus, du jute, un lainage jaune et ocre pour les rideaux.

J'ai mis tout ce qui me semble beau dans cette chambre, mais c'est comme si elle n'était pas faite pour moi, et je me tiens le plus souvent assise sur les deux marches frontière, assise à même le sol, un coussin de feutrine bordeaux derrière moi.

Nous avons aussi conçu des œuvres d'art pour les murs de nos chambres, Cora et moi. Ce sont principalement des tableaux abstraits, composés de morceaux de verre brisés, dégottés Dieu sait où, collés les uns aux autres de manière à laisser passer le jour, et à évoquer des oiseaux, des cathédrales, des bisons. Je les appelle mes vitraux. J'aime qu'on puisse y apercevoir des reflets en miettes des choses de la chambre. Il me semble que cela a un sens.

Comme un tank, la vie normale se remet en marche. Cora et le bébé rentrent ce soir, dit ma mère, tu vas être contente de les voir, tu leur as beaucoup manqué. C'est le genre de phrase qui ouvre instantanément une petite écorchure. J'entends : je suis sûre que tu n'es pas du tout contente de les voir, mais il faut l'être, et pour t'y aider, nous inventons une souffrance : tu leur as manqué, elles ont souffert de ton absence. Je ne me suis pas aperçue de mon absence, et j'envisage paradoxalement, avec tristesse, que je ne leur ai pas du tout manqué.

Ma mère a d'autres recommandations à me faire.

— Tu inquiètes tes sœurs, Nouk. Cora est sombre,

et le bébé s'enferme dans son rêve. Tentons de commencer cette nouvelle année du bon pied.

Je n'écoute pas. J'ai devant les yeux une photo de Cora, l'air très sombre, des petites jambes maigres, les épaules rentrées, qui saute une barrière au Pré Catelan. Et une autre, du bébé, blonde et ronde, ventre en avant, sur une balançoire, dans son rêve.

— Elles sont comme ça, dis-je, elles ont toujours été comme ça. Tout doit rester pareil.

J'aime et je crains les rites de la rentrée.

Notre mère les craint surtout, mais accomplit chaque étape obligée comme un parcours du combattant, une suite d'épreuves nécessaires ; épuisantes, angoissantes et rassurantes en même temps. Il y a les courses à faire, les vêtements d'abord, une nouvelle tenue pour chacune, qui se compose d'une jupe, d'un pull, ou d'une robe. Il y a eu l'année des robes chasubles, je m'en souviens, et celle des jupes-culottes en tweed chiné, mauve ou verte. De cette tenue de base, je tirais la fierté d'un uniforme. Cette année, c'est différent, car les vêtements désormais m'inquiètent.

Il y a ensuite le dentiste, qui habite loin et ressemble à un ogre. Il paraît qu'il a épousé successivement trois sœurs. Elles mouraient l'une après l'autre. La dernière tient bon. Il y a enfin monsieur Lepêtre, rue de l'Odéon, Paris VIe, qui nous refait chaque année des

semelles orthopédiques, car nous avons, paraît-il, toutes trois les pieds plats, butor de pied plat ridicule,
pensai-je en traînant les pieds jusque chez lui. Ça prend
des heures, il dessine nos voûtes plantaires sur des cartons et nous chatouille d'un air sombre. La courbe
n'est pas formidable, malgré nos efforts pour tordre
les pieds invisiblement. Après dix ans de chaussures
marron et montantes à lacets, après tant d'efforts, de
cours de danse classique, d'entrechats, de tortures à la
barre, en cinquième, mesdemoiselles, et de traversées-
naufrages à travers la salle de danse, après tant d'humi-
liations, il y a quelque chose de fatal à n'avoir toujours pas, sous les pieds, ce qu'il faudrait. Des années
après, je forme l'hypothèse qu'il s'agit là d'extirper
de nous quelque chose d'essentiel, je suis convaincue
— d'où me vient cette idée abracadabrante ? — que les
petites filles juives ont les pieds plats, que c'est là notre
invisible marque de fabrique, de petites filles juives
qui ne le sont pas, nées de parents qui n'y songent
pas une seconde, mais cependant suffisamment pour
faire cet effort énorme des semelles, des chaussures
moches et lourdes, et chères et toujours à refaire.

Je pense aux pieds extrêmement plats de mon
arrière-grand-mère, Sophie Ellissen, ses pieds plats,
dans ses chaussures plates, sa haute silhouette noire,
sa canne, ses quatre-vingts ans austères. Elle a survécu

à sa fille malade, ma grand-mère, elle avait l'air, les dernières années, d'avoir été doublée par sa fille, d'être désormais la plus jeune, ça me semblait une chose anormale et cruelle, ce renversement des places, et je ne me souviens pas du tout du moment où, à son tour, elle s'est éteinte. Il y avait sûrement un rabbin, un grand enterrement où nous ne sommes pas allées. Dans ma mémoire, elle est une sorte de sphinx, très à cheval sur les affaires de nourriture. Elle ne mange que des carottes râpées, ça me paraît une bonne tactique pour vivre vieux.

Munies de nouvelles semelles encore claires, ce qui les différencie des précédentes, noircies par la transpiration, nous attaquons les fournitures scolaires, les nouveaux livres, la vente des anciens, chez Joseph Gibert. Tous les enfants, je crois, aiment cette accumulation de détails que sont les listes fournies par le lycée, et qui seront, dans les jours qui suivent la rentrée, complétées par les exigences particulières de chaque professeur. Les gommes encore blanches, les crayons vierges, les nouveaux cahiers, le stylo et son encre, et surtout les livres font comme un nid. Un trésor d'avare, une réserve de noisettes intactes, c'est le triomphe provisoire de l'éternité, et de l'aube.

J'ai obtenu une jupe très étroite en tissu de laine, très courte, beige et munie de poches plates où je glisse mes doigts gonflés et rouges. Qu'il fasse chaud ou froid, j'ai les mains glacées. J'ai aussi reçu une paire de collants blancs, et un pull en shetland orange, court et collant. J'ai besoin d'habits qui me collent au corps, comme l'homme invisible qu'on identifie à ses bandages. J'ai un soutien-gorge qui plisse sur mes seins inexistants, et qui me gêne.

Cette année, je vais seule chez Gibert, un grand sac très lourd de vieux livres est accroché à mon bras, le soleil de septembre me caresse la figure, et les arbres ont commencé à roussir. Je compte l'argent qu'on m'a donné, j'achète un carnet minuscule pour y inscrire comme convenu mes dépenses en fournitures, je fais des colonnes au crayon, bien droites. Quand tu auras tout dépensé, je t'en redonnerai, m'a dit mon père. Assise sur un banc de fer, j'écris à l'avance, dans la colonne de gauche, gomme à crayon, gomme à encre, crayons de couleurs, stylo, taille-crayon, crayons noirs (une boîte), trousse, double-décimètre, rapporteur, un objet bizarre dont j'ai toujours pensé que c'était un objet femelle, contrairement à l'équerre, objet mâle au nom féminin. J'écris : compas. J'écris : fiches en bristol, trois cahiers Clairefontaine, un cahier de brouillon, et deux cahiers de travaux pratiques, un petit classeur, des œillets pour renforcer les perforations des feuilles, un grand classeur, des feuilles perforées, petites et grandes, et des intercalaires, du scotch, et de la colle, et encore un tas de choses auxquelles je pense avec amour. C'est comme une histoire. Insensiblement, pour remplir la deuxième colonne, je m'amuse à écrire des prix en face, puis je fais l'addition, comme je faisais, l'an dernier, tous les jours, ma moyenne, insensible aux gens qui passent et me regardent d'un air bizarre. C'est soudain comme si j'avais déjà dépensé cet argent, et que je puisse en redemander. Je découvre le faux en écriture, avec volupté. Je me lève et me mêle à la foule compacte des assaillants de Gibert, je remplis mon panier de papeterie, j'échange mes livres et des coups de coude hargneux avec la masse chaude de corps transpirants.

J'ai inventé un jeu qui ressemble à mes autres petites tricheries avec le mètre ruban ou la balance, j'achète autre chose que ce que j'ai écrit à l'avance, et si possible moins cher. Le jeu, c'est d'avoir tout ce dont j'ai besoin, et que cela ressemble le moins possible à ce que j'ai écrit à l'avance et que je montrerai ce soir, fièrement, la preuve de ma rigueur monétaire, qui sera, simultanément, à mes propres yeux, la marque de ma bassesse de faussaire, et de mon inventivité. Cette entreprise plutôt compliquée m'ouvre une porte, quelque chose qui ressemble à de la liberté. Exactement comme maigrir en secret, comme avoir décidé de renoncer à la vie des autres, à leur nourriture, ou comme ne jamais prendre un ascenseur.

Je me sens criminelle et légère. Et sur la voie de la richesse, en plus. Jusque-là, je ne mentais jamais. Pas par choix, ni par honnêteté foncière. Parce que je croyais que ce n'était pas possible. Parfois, j'avais été tentée, pour me protéger d'une punition, d'une réprimande. Mais je savais que, à l'instar de ma grand-mère paternelle nous observant de son transat avec des jumelles, pour savoir ce que nous faisions sur la plage, il y avait très certainement toujours quelqu'un en train de me voir, à tout moment. Un œil sur moi. Un œil à l'intérieur de ma tête. Je savais parfaitement que les murs ont des oreilles et des yeux. Je ne faisais donc jamais de choses interdites, et quand on a pris l'habitude de ne pas en faire, on n'en a même plus l'idée. Ça n'existe pas.

Ce jour de septembre, à la veille de mon entrée en seconde, fière de mon shetland orange, de ma nouvelle identité de voleuse, et lourdement chargée de livres et de cahiers, je remontai le boulevard Saint-Michel, à Paris. Il était six heures du soir. Et j'entendis derrière moi une voix de femme, tu as vu ses jambes, disait-elle, tu as vu ses jambes, la pauvre petite, on dirait les barreaux d'une cage de canari, on dirait qu'elle sort de Dachau. Ou d'Auswitch, les gens disent souvent Auswitch, comme sandwich. Ça m'a fait peur qu'elle ait le droit de parler de mes jambes, dans leur collant blanc impeccable. C'était un coup de tonnerre, une de ces phrases qu'on n'aurait pas dû entendre, parce qu'elles résonnent ensuite dans votre tête pendant toute la vie.

J'aimerais écrire ici que je me suis vaillamment retournée et que je lui ai dit, comme une résistante, fille de résistant, madame, on ne parle pas des gens derrière leur dos, et il n'y avait pas de canari à Auschwitz. AUSCHWITZ.

Mais bien que je me prête, comme la plupart des gens, un réel fond de courage, très peu exploité, je suis le plus souvent d'une exceptionnelle couardise, et je me suis simplement mise à courir en pleurant, les sacs de papeterie battant mes pattes de canari, les coins des livres me tailladant les os. Si je n'ai pas mis mes mains rouges sur les oreilles, c'est que j'étais trop chargée.

À la maison, sacs renversés sur le sol, j'ai sangloté encore, avec le cœur qui continuait à battre trop fort, sans que je sache très bien pourquoi.

J'ai été chercher un livre de photos qui est caché derrière la bibliothèque. Il est signé d'un certain Jean-François Steiner. Il s'appelle *Treblinka*, je le regarde, mais je ne peux pas le supporter, c'est pourquoi je l'ai caché. A présent, il me semble que je dois m'obliger à contempler les photos jusqu'à ce qu'elles ouvrent quelque chose dans ma tête. C'est un indice. Ou une fausse piste. Je fixe les yeux des gens sur les photos jusqu'à ce que les larmes me viennent. Et puis j'ai

l'impression de faire quelque chose d'horrible. Je reca-
che le livre. On ne parle pas de ces choses-là chez nous.
C'est indécent, et c'est dangereux. C'est de la curio-
sité malsaine. Parce que cela échappe à la raison.

La raison s'incarne dans mon joli petit carnet de
comptes à spirale. Je me fais féliciter pour ma comp-
tabilité parfaite. J'ai de nouveau cinquante nouveaux
francs pour recommencer demain. Mon père me dit :
« Ma grande », gentiment, et je découvre avec chagrin
que ce monde nouveau où l'œil ne vous suit pas partout est vide comme un œuf gobé.

Ils me disent aussi, avec sérieux, qu'un rendez-vous
chez le médecin est pris, j'irai avec ma mère. C'est
le rendez-vous rituel, le rendez-vous de routine, j'ai
peur quand même.

Le docteur est un monsieur chic et terne.

Il habite près de Duroc, dans un immeuble chic et
terne, on ne croise que des aveugles sur son trottoir,
en petits paquets de deux ou trois, qui se soutiennent
gentiment, le visage fermé, avec parfois un chien.

Il me mesure. Je me tasse. Il me pèse, je m'alourdis
le plus possible. Il prend ma tension, là je ne peux rien
faire. Lui, il a un visage d'enterrement. On m'évacue
dans la salle d'attente pleine de jouets cabossés, de journaux abîmés, je joue aux cubes pendant qu'ils confè-
rent ma mère et lui. Ça dure longtemps, ils reviennent,
ma mère sort, c'est moi qui rentre, tout ce manège

est ridicule, j'ai l'impression d'être menacée, presque prisonnière, accusée en tout cas. Il dit qu'on m'a laissée tranquille tout l'été et que je n'ai pas su faire bon usage de cette paix provisoire. Il dit que je suis inquiétante, que je pourrais être tellement jolie, mais pas comme ça, squelettique. Il dit qu'on va passer un contrat tous les deux. Il m'explique des sornettes que je connais par cœur sur les besoins de l'organisme en lipides, en protides, en féculents, vitamines, glucides et minéraux. Il dit que je suis en danger. Et mon cœur bat. Il profère des menaces. À trente ans, mes dents tomberont et mes os partiront en miettes. Il s'adresse à moi sérieusement, il me parle en adulte, je ne dois pas me laisser entraîner par une mode ridicule, par les magazines, par ce mannequin, Twiggy. Le charme féminin, ce sont des formes, nous allons passer un contrat. Ses paroles glissent sur moi, j'essaie de me fermer entièrement pour empêcher de petites images de mort de se glisser dans les interstices de mon être, ses mots glissent sur moi, je glisse dans une peur animale, je me sens traquée. Et troublée par une légère impression de mépris, comment peut-on m'accuser de copier des conseils de magazines, on me prend trop au sérieux, on me menace, on ne me prend pas assez au sérieux, comme si je faisais un régime pour être mince. Je fais un régime pour être mince, j'ai la bouche pleine de caries, et mes dents tomberont, j'en suis sûre, le malentendu est total.

Est-ce les mauvais mots, le mauvais ton, ou suis-je une petite chèvre impossible à sauver ?

Le contrat est simple. Le docteur laisse entendre que je ne suis pas la première à le passer, il y en a eu beaucoup, surtout ces temps-ci, certaines ont joué le jeu, et la partie a été gagnée — par qui ? Certaines ont manqué de volonté. Si vous continuez à maigrir, je ne pourrai plus rien pour vous, dit le docteur froidement, en nous serrant chaleureusement la main.

Vous viendrez deux fois par mois, et je vous pèserai. Il ne faut plus perdre un kilo. Vos parents, de leur côté, surveilleront votre alimentation.

Je ne dis rien. Je ne souris pas. Je pense vous ne m'aurez pas comme ça. Je pense : ce n'est pas vous qui gagnerez la partie, et vous êtes des ennemis. Je suis extrêmement seule.

Ils ne savent pas à quel point je suis forte, résolue et en bonne santé, simplement mon chemin n'est pas le leur et ils n'y comprennent rien.

Ce qui m'inquiète, seulement, c'est le bout de ma langue, glissé dans un trou de dent, j'ai peur pour mes dents. Le dentiste, en retirant ses énormes pattes de ma bouche, a remarqué sobrement que je devais les ronger la nuit.

La vie devient très difficile pour tout le monde, la maison se remplit de cris et de silence.

Chaque repas dégénère en crise ouverte. Mon père me sert, après que j'aie refusé de me servir moi-même. Je ne touche à rien. Les boulettes de viande, les pâtes refroidissent, je les écrabouille plus ou moins, il y a des yeux braqués sur mon assiette tout le temps. Je ne peux rien avaler, le contact d'une rondelle de tomate me fait horreur, une feuille de salade, je ne peux la plier et la faire entrer dans ma bouche, sur les pommes de terre pèse un interdit impossible à transgresser, le riz m'étouffe, les haricots verts se mettent en travers de ma gorge nouée de larmes rentrées. Cora et le Bébé pétrifiées gardent les yeux baissés, le tonnerre et la foudre. Chaque jour, ma bouche est plus petite, et mes dents plus serrées.

Ils essaient de me fourrer des choses dans la bouche, je crois qu'ils essaient, forcément ils essaient, puisque la situation l'exige, et je crache.

Je sanglote, on me torture. Mes parents me torturent. Ils me disent à quel point je fais du mal. Tu désoles ta mère, elle pleure. Tu désespères ton père. Il est en colère. Je le vois bien. Nous ne pouvons plus nous parler. Je ne parle plus. Je parle encore à mes sœurs.

Laisse tes sœurs hors de tout cela. Je leur parle quand même, elles devraient être avec moi.

Quand, certains jours, c'est trop épuisant, cet affrontement physique, je me crois maligne, je ruse.

Je prends un peu de viande que je mâche pendant des heures, puis je glisse les boules blanches dans la serviette.

Je balance le riz sous la table, un peu loin de moi. Je gagne du temps.

Un jour, je découvre que je peux vomir la nourriture suffisamment liquide, la purée, la viande hachée, l'île flottante, la crème au chocolat.

Je découvre cette ruse diabolique, un jour de violence. Nous avons tous trois couru autour de la table du dîner, pour un silence de trop, un bout de côtelette. Une gifle a volé. Je ne pourrais pas dire si c'est ma mère qui m'a frappée ou si c'est moi qui ai levé la main sur elle. Il me semble que tout le monde y a mis du sien. On ne m'a jamais giflée, hurlé-je. Les gifles, ce n'est pas comme les fessées, les larmes jaillissent sans qu'on le veuille. Peut-être mes parents se disent-ils qu'il aurait mieux valu commencer plus tôt.

Les gifles sont de la haine, pensé-je. Et désormais la haine et la ruse m'habitent. Je vomis. Je mange, très peu, le minimum, juste ce qu'il faut pour éviter d'autres affrontements physiques. Je vomis, et je m'améliore, je vomis de mieux en mieux. Bientôt, il ne m'est plus nécessaire de mettre un doigt dans ma gorge, un simple mouvement abdominal suffit, j'appuie sur mon plexus, je me sens nettoyée et propre, et nouveau maîtresse de mon destin. J'ai un seul problème, dissimuler mes manœuvres, supprimer l'odeur très identifiable, je passe mon temps à ouvrir les vasistas et les fenêtres des toilettes par où je passe. Je me rince la bouche, ensuite, et je me lave les mains. Je passe de l'eau aussi sur mes yeux rougis par l'effort. Je suis convaincue que personne ne peut s'apercevoir de rien et la vie devient moins difficile pour tout le monde. Au bout de quinze jours, je vais seule chez le médecin. Je slalome entre les aveugles, je fais des grimaces à leurs chiens. Je monte sur la balance. L'aiguille oscille autour du 36. Je ne prendrai pas encore longtemps la responsabilité de vous suivre, dit le docteur, d'un air glacé. Je me sens faible. Je dis que je vais faire des efforts.

L'automne arrive, j'ai tout le temps froid. Mains glacées, nez rouge et pieds gelés, je vais au lycée. Il me semble qu'on y fait un travail de fourmi, je n'apprends plus les théorèmes, je trouve ce fatras absurde et sans but, j'interroge inlassablement les profs de sciences, le prof de maths, pour qu'ils me disent où ils veulent en venir, quel rapport établir entre ces mortelles suites d'équations, ces intégrales, ces logarithmes, et les problèmes réels de la vie réelle. Parfois j'ai des intuitions qui me semblent magnifiques. Des visions sur le microcosme et le macrocosme. Un atome ne serait-il pas exactement à l'image du monde ? demandé-je suppliante et radieuse à la jolie professeur de chimie. Elle me rappelle à plus de modestie, elle me rappelle que je ne sais rien, elle me conseille, comme ses collègues, de cesser mes rêveries et d'apprendre mes leçons. Je ne peux pas apprendre de leçons, j'ai la tête trop encombrée, ou alors j'en ai trop appris l'année dernière, je me tais, je lis au fond de la classe, ou je fais semblant de lire, mes yeux sont sur les lignes de texte imprimé, je flotte, je n'ai jamais eu de si mauvaises notes, depuis le jour ancien et mémorable où j'ai fait exprès de rater un thème latin pour devenir populaire. D'ailleurs, cela avait été un échec lamentable. Je me souviens très bien de ce jour noir, j'ai pleuré, et ne me suis pas attiré un seul sourire de sympathie de la part de ces filles dessalées dont j'espérais les faveurs. Et je n'ai pas été invitée à la boum de Rita Donsimoni, malgré le disque unique de Johnny Hallyday que je m'étais fait offrir dans cette perspective. C'était une manœuvre trop compliquée, personne n'a rien vu, et je suis restée la fille trop sérieuse et trop en avance, qu'on n'invite pas.

Au fond de la classe, je mange des graines de tournesol. C'est mon aliment unique, avec les caramels au lait et aux noisettes. J'ai un problème avec les épluchures. Et aussi avec les caramels qui sont énormes, qui emplissent ma bouche, que je ne mâche pas, attendant qu'ils fondent. Une espèce de bâillon sucré, de bouchon. Au fond de la classe, frottant l'un contre l'autre mes pieds gelés, luttant contre un nouveau mal, les crampes qui me saisissent à tout moment, je suis invisible, et je lis Gaston Bachelard, des histoires de médecine ancienne du temps où l'on croyait que le corps était la proie d'humeurs épaisses ou liquides, noires ou jaunes, je lis *Le Nouvel Esprit scientifique*, parce que j'adore l'ancien esprit pas scientifique du tout, un univers de matières bonnes et mauvaises de sortilèges, de clystères et de poudres de salamandre. D'ailleurs, je soupçonne Gaston Bachelard, dont je regarde très souvent la tête, derrière le livre, la barbe rassurante, et les yeux doux, d'être comme moi.

Ça me donne une idée pour lutter contre le positivisme, la balance du docteur. Avant d'aller le voir, je prépare des bouteilles d'eau, je les aligne furtivement dans la cuisine, en priant pour que personne n'entre. J'en remplis trois ou quatre. Trois ou quatre litres égal trois ou quatre kilos. Je bois. Ça fait mal, mais c'est nécessaire. J'ai l'impression que je vais exploser, mais je me sens très forte, très rusée. Sur le boulevard, je ne fais plus de grimaces aux chiens d'aveugle, j'essaie juste de mettre un pied devant l'autre, je traîne mes pieds plats, je prends exceptionnellement l'ascenseur, je lutte contre une terrible envie de faire pipi qui, comme chacun sait, peut tourner au drame dans un ascenseur. Ça y est, je suis sur la balance, et l'aiguille marque 36.

Il n'a pas l'air de remarquer que j'ai l'air d'un enfant biafrais, ni ma pâleur mortelle. Il dit juste « à dans quinze jours ». Je sors en me traînant, j'entre dans un café, je me rue aux toilettes, et j'explose enfin, j'ai peur de mourir, tellement ça fait mal, de me transformer en fontaine, en geyser d'eau et de bile. Je m'évanouis un peu, ça m'arrive souvent, maintenant, mais j'aime bien cette glissade furtive de l'autre côté du miroir. Personne ne m'arrête, quand je débouche dans la grande salle du café, les yeux creusés, l'air vague, et certainement coupable. Ça m'étonne toujours de ne pas me faire arrêter.

J'ai une double vie, désormais. La vie officielle, où je me plie en apparence à ce que l'on attend de moi, tant bien que mal. Et puis mon autre vie, la vraie, avec Gaston Bachelard et les graines de tournesol, avec *Par-delà le bien et le mal* de Frédéric Nietzsche, que j'ai découvert par hasard, et que je lis comme un autre livre de magie, en suçant mes énormes caramels, achetés avec l'argent détourné de mon budget.

Je reste seule tout le temps, assise sur les marches de ma chambre, j'essaie de simplifier mon existence, de ne faire que les gestes nécessaires, et aussi des mouvements de gymnastique, pour durcir encore davantage mon ventre et mes cuisses.

Ma mère tourne un film pour la télévision. L'acteur principal est beau et blond, et sa femme, avec ses cheveux noirs très courts et son nez très fin, m'impressionne. Nous allons chez eux, un jour, sans mon père, écouter les Beatles.

Ça doit probablement être gai. Tout cela me fait horriblement peur. De la confusion, pensé-je, quelque chose du diable. Je veux de l'ordre et de l'immobilité. Je suis sur un fil, en route vers la perfection.

Il me semble qu'autour de moi, il y a trop de bruit, trop de gens, trop de mouvement. Tout me fait peur, je marche sur mon fil, le moindre choc peut me faire tomber. Quand on me parle, je sursaute. Je couvre ma tête d'une sorte de kipa noire en velours. Dans le métro, je lis à haute voix l'*Héautontimorouménos*, convaincue que cela a un sens.

Tout va continuer comme ça, éternellement. Je sais aussi que ça ne peut pas du tout continuer, mais je ne vois rien devant moi, je ne vois rien, je n'ai aucun espoir. Un petit enfer s'est substitué à la vie d'avant, insensiblement, je ne vois pas la différence, je ne vois que mon fil. Mes efforts pour mieux respirer, mes moulinets raréfient mon air, sans cesse j'étouffe, je m'englue dans la toile, je me crois maligne, je souffre, mais je ne le sais pas.

CHAPITRE QUATRE

Nous sommes sur une falaise, les oiseaux de mer nous encerclent. La grève est déserte, loin en dessous de nous. Il fait beau et froid, c'est la Toussaint. Sur la lande presque jaune, passent des adolescents en rang par deux, ils regardent par terre, ils ont des nuques rasées. C'est un pénitencier qui passe, dit l'amie de Cora, qui nous a invitées. Nous a-t-elle invitées toutes deux, ou me suis-je imposée? Il y a donc des pénitenciers d'enfants, est-ce qu'ils s'évadent? Il me semble qu'on les pousse avec des bâtons. Il me semble qu'il y a un nuage de désespoir au-dessus d'eux. Il me semble que je les connais.

Les cormorans et les mouettes hurlent quand nous approchons. Ils sont des milliers, rassemblés pour des cérémonies secrètes, Cora et son amie ramassent des bruyères et escaladent les rochers qui descendent vers la crique, poussent des cris de bonheur à cause d'une algue. Je me sens si faible, je ne sais plus comment on admire un galet, un bout de verre poli par la mer, comment on fait pour espérer trouver une améthyste. Il y en avait, autrefois, ailleurs, sur les falaises du cap de la Chèvre, des améthystes pâles, et parfois des pointes, au violet intense, dont j'escomptais une fortune rapide. Il y avait la grotte Verte, qui ne se découvrait que par grande marée basse. Je crains le vent qui me taillade, et cette maison aux habitudes inconnues, où je me sens sous surveillance, j'ai peur qu'on ne s'aperçoive de mes comportements bizarres, qu'on ne me pose des questions, qu'on ne m'entende vomir.

Et puis il y a un autre jour. Toujours bleu et propre. Je suis sur la falaise, seule. Et le pénitencier passe comme tous les jours. La mère de notre amie s'assoit à côté de moi, sur un morceau de rocher.

Elle me demande si ça me va, des côtelettes pour dîner. Je dis que je n'aime pas ça, la viande. Je pense aux animaux quand j'en mange. Ici, on ne peut pas les louper, les moutons prisonniers dans cette île, qui mangent l'herbe, et seront mangés. Je trouve cette phrase très belle, la marque, le témoignage sobre de mon sens du tragique, de mon extrême sensibilité. Elle dit juste qu'il y a aussi des tomates.

Le froid spécial des tomates.

Elle dit que quand elle était plus jeune, elle était ano-rexique et qu'elle a guéri.

Je ne pose pas de questions. Je ne connais pas ce mot, mais je lui suis reconnaissante de l'avoir prononcé. Encore aujourd'hui, j'éprouve pour cette scène de la falaise une reconnaissance spéciale. C'est l'un des moments les plus précieux de ma vie.

Quand nous rentrons, la maison est sombre, la nuit est presque tombée. Je crois que je l'aide à préparer les côtelettes. Ça ne lui fait rien si je n'en prends pas.

Ensuite, quelques jours plus tard, nous rentrons à Paris. C'est comme une petite parenthèse que j'oublie. Je replonge, brutalement, dans le sillon des mauvai-ses habitudes qui se creuse chaque jour davantage.

Je l'oublie complètement. Je ne l'oublie pas du tout, puisque dix ans plus tard, je me souviendrai de cette phrase : « J'ai guéri. » J'en ferai ma bouée de sauvetage.

CHAPITRE CINQ

Il s'agit d'un récit, un quart de siècle a passé. Ça me paraît immense. Je recompte, c'est ça, je crois toujours que j'exagère, mais le pire c'est de constater, en se retournant, en regardant de biais, que l'exagération est la vérité.

Il s'agit d'un récit, le récit interloqué de ce que je nomme le temps où j'étais folle. Je ne veux pas regarder ce temps de haut, je ne suis pas très sûre que ça soit intéressant. J'aurais voulu que ça soit drôle. Qu'au moins ça amuse des gens. Je ne suis pas sûre d'être très drôle.

J'envisage de laisser tomber cette histoire. J'ai un tas d'autres livres à écrire, j'ai oublié lesquels, mais j'ai des carnets remplis de notes, pleins de personnages vraiment tragiques et drôles, des bateaux pleins de fous qui s'entremartyrisent tendrement, et qui ont l'avantage immense que je les connais à peine, ça ne peut faire de mal à personne.

Je peux aussi ne rien écrire du tout. Lire procure des plaisirs aussi grands, surtout quand on lit en pensant à ce qu'on pourrait écrire, quand on lit en rêvassant. Mais je vois bien que je suis obligée de continuer ce récit de Nouk, de Cora et du bébé, comme on est obligé de finir le ménage quand on a commencé. Écrire un livre, c'est comme faire le ménage, on fait les choses qu'on aime bien, les piles bien propres, les objets à leur place, le décor reconstitué, le lit et la vaisselle, et puis, pour le reste, les choses pénibles, qu'il faudrait trier, peut-être jeter, les hauts de placard, ça attend à plus tard. J'arrive dans une zone où je n'aime pas aller. J'aurais préféré rester un peu dans l'île, parce que c'était une jolie parenthèse, douce, lumineuse. Je répugne à replonger dans ce qui m'apparaît comme un cloaque.

On m'a appris que la première chose à attendre de celui qui écrit une histoire c'est l'honnêteté. L'honnêteté artisanale.

Nouk retourne dans sa famille.

Désormais, elle mange des dragées. Elle achète des sacs de 150 g. Elle les pose sur la marche où elle vit.

Elle s'occupe beaucoup du bébé. D'après elle, on persécute le bébé. Elle doit le défendre. Le bébé est blonde et jolie, mais le docteur, qui se mêle décidément de tout, la trouve trop grosse. Le bébé ne doit plus manger de sucre, ni de féculents, elle doit maigrir, et Nouk doit grossir, et Cora doit s'en sortir comme elle peut, ce qui n'est pas facile dans une maison où apparemment chacun est sommé de faire le contraire de ce qu'il fait. Nourrir clandestinement le bébé devient l'obsession numéro deux de Nouk. Il s'agit d'introduire auprès d'elle, sa petite sœur qu'on maltraite, le plus de chocolats, de rochers Suchard, de pains au chocolat, de Mars et de Nuts possible. C'est une guérilla. Et le bébé a l'air contente de ce soutien, de ces attentions touchantes. Nouk la voit comme une prisonnière dont elle allège les maux. Elle lui apporte aussi des lectures interdites, des petits journaux qui n'ont pas le droit de cité dans la maison. Elle défend le droit des enfants à être des enfants, à lire des âneries, et encore plus si on les en empêche. Elle pense parfois qu'elle est le mauvais ami de Pinocchio, que le bébé est cette marionnette qui voudrait tellement être un vrai petit garçon et qui se laisse entraîner dans l'île aux Plaisirs.

Le grand problème de Nouk, c'est l'argent. Elle n'a pas assez d'argent pour les dragées, les rochers, les illustrés, pour les brioches, les caramels, les *Picsou* géants, les *Akim*, et tous les autres dont j'ai oublié le nom, et qui sont incroyablement nombreux, quand on commence à en explorer le filon.

Elle pourrait faire les poches de ses parents. Elle n'ose pas, elle n'y arrive pas. Il me semble que l'idée lui en vient, mais qu'elle ne peut la mettre à exécution.

Elle voit une librairie d'occasion, très près de chez elle. Elle y porte des livres d'art, des livres lourds qu'elle prend discrètement dans la bibliothèque. Elle vend à un prix dérisoire des gros livres de peinture. Elle ne vend pas ceux qu'elle aime le plus, l'œuvre de Jérôme Bosch, les tableaux de Giotto et Fra Angelico.

Je me demande qui est ce type qui achète vingt francs de gros livres coûteux à une fille de quatorze ans ?

Elle a maintenant une vie remplie d'occupations secrètes. Marcher dans Paris au gré des cafés, nourrir sa sœur à outrance. Manger des dragées et vomir les repas qu'on lui impose. Vendre de beaux livres pour acheter des brochures hideuses aux noms absurdes.

De temps à autre, il y a encore des crises brutales.

Un de ses manèges est identifié. Elle crie, elle a peur. Elle enjambe la balustrade de la fenêtre, elle dit : je saute. Elle passe vraiment une jambe et elle tangue, et elle sent qu'il va falloir y aller, et s'écraser beaucoup plus bas. Elle ne saute pas, elle attend et puis elle ramène sa jambe du bon côté. C'est épuisant.

Elle est la proie de ses obsessions, comme on dit. Apporter toujours plus de gâteaux, de bonbons, en trouver de nouvelles espèces exquises. Tu dois laisser ta sœur, on le lui dit, tu lui fais du mal. D'où vient tout ce mal dont on l'accuse ? Elle sait juste qu'elle n'a la paix dans son cœur qu'à ce prix : que le bébé soit gavée, et qu'elle, Nouk, ressente, dans son ventre, les crampes vertigineuses de la faim.

La boutique du soldeur de livres s'appelle le Kalevala.

J'adore ce nom, j'adore les histoires extraordinairement blondes et violentes qu'il recouvre. Je les ai lues vingt fois, j'en garde un souvenir étourdi, de femmes ficelées dans leurs chevelures immenses, de femmes qu'on tire par les cheveux, des hommes et des femmes que la jalousie déchire, dans un paysage de rocs, de glaciers, de flots tempétueux, ils portent tous des couronnes de rois, de reines, de dieux, et ils crient, ils se haïssent et ils s'aiment. Les hommes ont des javelots à la main, des masses couvertes de pointes, des muscles énormes, et les femmes des décolletés d'où jaillissent leurs énormes seins. Leurs noms même ont des sonorités brutales.

Dans la bouche de vérité, je rêve que je glisse ma main, et elle se referme.

Je frappe à la porte du Kalevala, j'y vais vendre des livres volés. J'en tire très peu d'argent, le soldeur de livres accepte tout ce que je lui apporte, mais les réserves s'amenuisent, et j'attaque les livres de la première rangée, ceux qui se voient, dont l'absence se voit, comme une dent tombée. Les livres disparus de la bibliothèque réapparaissent dans la vitrine du Kalevala. Ma mère passe devant la boutique, la coïncidence ne peut lui échapper. Je suis prise. Rien pourtant ne se passe, on ne me dit rien. Je ne dis rien, on ne me dit rien. J'arrête de vendre des livres. Le soldeur n'en veut plus. J'essaie, avec entêtement, d'autres soldeurs, plus loin.

Ça ne marche plus. Je lis l'anneau d'or des Niebelungen. J'y cherche la clé. Comment ne jamais vivre dans un monde pareil, comment s'échapper?

Je cherche à échapper à la mort, aux sentiments, à la jalousie des dieux, aux souffrances qu'ils concoctent pour ceux qui aiment, ceux qui vivent.

Je fais ma petite tambouille.

Nouk, robot squelettique et méchant, possédée du diable, suit son orbe. Pendant ce temps, la France se modernise. Disons, en tout cas, que la maison se modernise. Les linoléums remplacés par de la moquette, le nouveau frigidaire, le broyeur installé dans la cuisine l'attestent. Le broyeur fascine Nouk. Dans l'esprit de ses inventeurs, il devrait remplacer les poubelles, masquer la folle inflation des déchets qui accompagne le progrès. Le broyeur, selon Nouk, c'est comme l'absolution des catholiques, même si elle n'y connaît rien. On y jette les morceaux de pain mités d'après le repas, les croûtes de fromages, les os de poulet, les manches de côtelettes où s'accrochent encore des lambeaux de chair. On appuie sur un bouton et, dans un vacarme réjouissant, le broyeur fait son office. Tout disparaît. Nouvel accessoire encore, l'aspirateur de table qui mange les miettes sur la nappe. On peut manger sans laisser de traces. Le frigidaire participe aussi de cette nouvelle vision du monde. C'est une armoire, plutôt, une armoire pleine de tiroirs en plastique opaque. Quand on l'ouvre, rien ne dépasse, et il n'y a pas d'odeurs. Les œufs, le beurre, les poireaux, les tomates, les artichauts, les petits-suisses et les concombres, les courgettes et la crème fraîche, les yaourts et les biftecks ont l'air pasteurisé, ont l'air imputrescible de la faïence, de la porcelaine. Sur tous les aliments, on trouve désormais des dates de péremption.

La mère de Nouk a changé ses habitudes. Elle passe des commandes, désormais, elle coche des catalogues, elle téléphone à Inno, Inno, un frigidaire central qui alimente des milliers d'énormes frigidaires locaux. On débarque dans la maison, dans des cartons, rangés au carré, des paquets de lessive et de gâteaux, des tablettes de chocolat et de détergent, des emballages de fruits, de légumes, de produits lactés étiquetés, datés, couverts des chiffres qui les définissent, en joules, en calories, en vitamines, en sels minéraux.

Nouk spécule. Elle se sent envahie par cette avalan-
che. Elle imagine un monde où on ne mangerait que
d'une seule chose, un seul plat, d'une seule couleur.
Elle observe les gens qui mangent, en pensant aux
mélanges répugnants des aliments qui, d'avoir été trop
contraints dans leurs emballages, se dévergondent,
odeurs démultipliées.

Nouk, ces temps-ci, tandis que Noël approche, se
nourrit de petits ours de gomme rouge, qu'elle vomit
par habitude, une rivière sucrée, un ruban qui sort de
son corps. C'est une faute de logique, Nouk le sait.
Elle pense avoir séparé les nourritures en deux grou-
pes, celles qu'on lui impose, et qu'elle vomit pour protéger son intégrité, et celles qui sont bonnes, qui ne
pèsent pas sur son estomac rétréci. Mais celles qui ne
pèsent pas, pèsent quand même. Et ce système par-
fait se détraque lui aussi.

Nouk vomit tout, les rivières se mêlent. Jeûner
devient un esclavage. Le corps pur de Nouk est meur-
tri par le froid, ses bras s'allongent et ses dents lui font
mal, ses pieds se couvrent d'engelures, sa bouche se
craquelle, et ses ongles se cassent, les os de ses fesses
saillent et lui font mal quand elle s'assoit. Elle est un
esprit qui marche, elle est une bouche immense, elle
n'est plus qu'une bouche.

Elle marche des heures dans Paris, elle suit des rues
sombres, les bras croisés contre son torse, attentive

à ne pas être suivie, elle s'engouffre dans toutes les boulangeries, elle achète des pains au chocolat quand ils sortent du four, des chaussons aux pommes qui l'ébouillantent, des baguettes entières, des tartes meringuées, des éclairs. Quand elle étouffe presque, elle s'arrête, pénètre dans un café, suit en tremblant l'escalier puant qui mène aux toilettes, évite du regard les inscriptions terribles qui couvrent les parois, place ses pieds sur les patins de faïence des chiottes à la turque, et expulse avec joie, avec honte, la pâte chaude, mélangée, des gâteaux. Elle tache souvent ses vêtements, elle se sent souillée.

Les journées sont trop courtes. Il faut trouver toujours plus d'argent, lutter pendant les repas officiels, échapper aux fibres maléfiques des plats préparés avec amour par sa mère, il faut se glisser près du bébé en secret, lui glisser dans la bouche les trésors annoncés, l'immobiliser, entourer ses jambes de mohair, lui faire un paradis.

Les paradis inventés par Nouk pourrissent de l'intérieur.

La télévision est entrée dans la maison.

Ma mère travaille à la télévision, elle est auteur à l'ORTF. Nous y pensons avec fierté. Tous les soirs, nous faisons un cercle pour regarder un épisode de son feuilleton. Quand nous étions très petites, nous savions qu'elle était l'auteur d'un feuilleton de radio célèbre, qui passait juste après le déjeuner sur RTL. C'est au fond la même chose, dans notre esprit, RTL et l'ORTF, et si l'heure a changé, c'est qu'avant les gens rentraient déjeuner, dans la vie nouvelle, celle qui me fait peur, les gens ne mangent plus chez eux à midi, et le feuilleton de la télé passe le soir, juste avant le dîner.

Nous n'avons pas de souvenirs du feuilleton de la radio, seulement le souvenir de notre fierté. Et dans les oreilles, le son de la réclame pour Végétaline, qui fait des frites légères et a une odeur spéciale. Pour Nouk, le feuilleton de maman est une variation autour de l'odeur de Végétaline.

La télévision a mis du temps à entrer chez nous, c'est le diable. Les enfants passeront leur vie collés devant. La télé, c'est comme l'île aux Plaisirs de Pinocchio, une source intarissable de grenadine et de bonbons, la fin des livres, de l'effort, de l'imagination, du travail. La télévision, c'est le triomphe de la bêtise, en noir et blanc et bientôt en couleurs. C'est l'Amérique qui va nous bouffer, une manipulation sucrée et sournoise, un entonnoir, l'entonnoir de la consommation.

Donc les enfants regardent juste le feuilleton de leur mère, à huit heures moins vingt, jusqu'à vingt heures.

Nouk en profite pour s'activer autour du bébé, pendant que tous les yeux sont braqués sur l'écran, elle agit, comme un cambrioleur, qui serait aussi Robin des Bois en lutte contre l'injustice de ceux qui veulent priver sa petite sœur de douceur. Elle est la bonne fée, des biscuits sablés plein les poches de sa robe de chambre ouatinée, des carrés de chocolat glissés dans ses manches de magicienne. Elle est une sorcière aussi, puisqu'elle entend la petite voix aigre de sa tête murmurer qu'elle fait du mal, beaucoup de mal, que la jalousie et la peur déguisées en compassion guident sa main vers la bouche muette du bébé.

Souffre-t-elle, cette petite fille déchirée entre des volontés contraires ? Comment pourrait-elle résister à l'apparente douceur de sa grande sœur, à son discours silencieux, à cette lutte d'influence où se jouent des loyautés, des traîtrises d'enfant, je vois bien que Nouk l'étouffe sous son aile, la bourre de galettes bretonnes pour supporter quelque chose de mystérieux, je vois bien que Nouk a dérapé, elle ne sait plus ce qu'est l'amour, ce qu'est la haine , elle embrouille tout, ses catégories à elle, désormais, ce ne sont plus les sentiments, plus de cris, plus de larmes, plus de peine, il y a le mouvement, les marches qu'elle fait, les aliments qu'elle avale et qu'elle fait avaler à sa sœur, et puis il y a l'immobilité. Il y a la bouche qui avale, et celle qui vomit jusqu'à la bile. Cora, prise en otage, se tait. Parfois elle accompagne sa sœur aînée déboussolée dans ses périples, elles marchent, des caramels dans les poches. Ses oreilles se remplissent de poison, le poison déversé par la bouche amère de Nouk, la même qui, autrefois, déversait les mots des contes, l'histoire de *Vassilissa prekrasnaïa*, « la très belle », les *Cygnes sauvages*, et *Les Bêtes enchantées*.

Cora s'accroche sans doute à des branches inconnues de moi, brindilles de logique, de raison et d'amour filial. Dans le torrent qui emporte tout, elle résiste. Je ne sais pas comment elle fait.

Sur l'écran de télévision, une jeune femme aux joues parfaites inventée par ma mère s'initie aux choses de la vie, dit les mots de la surface ensoleillée du monde.

Dans notre salon repeint, l'ombre des morts fait son sale boulot. Nouk et le bébé sont les deux pôles entre lesquels s'emballe l'aiguille aimantée de nos existences.

Quelque part, au même moment, une femme demande si le Diable existe. Le Sage lui répond qu'il existe, c'est celui qui embrouille tout.

CHAPITRE SIX

Nouk est dans la salle de bains. Elle rince sa bouche, mâche du dentifrice, lave ses mains et baigne ses yeux rougis. Elle se livre à son manège d'après le dîner, le cœur battant, les verrous fermés. Il arrive désormais qu'à cause de la lenteur du repas, à cause du silence, des minuscules mouvements de foule autour des assiettes, elle mange des nourritures qui résistent ensuite à la purge.

Les pommes de terre farcies. Chaudes, brûlantes, rassurantes, qui font tout oublier pendant quelques instants. Et puis elles deviennent poison et plomb dans l'estomac, Nouk a l'impression que le poison va gagner ses veines, conquérir son corps, si elle ne se rue pas au-dessus de sa cuvette chérie. Mais les pommes de terre farcies ne sont pas un aliment qui obéit aux contractions. La panique alors s'empare d'elle, qui craint de mourir soudain, la tête dans les toilettes, les

PETITE

veines du cou dilatées, un morceau de patate m'aura
tuée. Je m'étrangle, je tousse. Je hais la toux, ce signe
avant-coureur de la mort. Nouk va, le plus calmement
possible, dans la salle de bains, boire de l'eau. C'est
toujours l'eau qui la sauve. Elle boit, sous le robinet,
le corps tordu, elle noie la nourriture rétive dans un
flot purificateur, le Gange traverse Nouk qui vomit
enfin, lavée. Nouk est dans la salle de bains, elle se
lave encore et encore, elle boit, et elle rince l'intérieur
de son corps. Elle est, elle sera bientôt propre. Elle
croit percevoir son corps, le dedans et le dehors, sépa-
rés par une mince cloison, elle récure avec brutalité
cet objet intenable.

On frappe. Elle a peur. Elle tire le verrou avec
le plus de sang-froid possible, comme une criminelle
prise sur le fait qui essuierait dans son dos des mains
pleines de sang, un vampire saisi par la lumière du
jour.

De quelle police ai-je peur? À mes pieds, gît la
balance. Mon père m'ordonne de m'y poser, je tremble, et je refuse et je pleure. Je dis qu'on n'a pas le
droit de me peser par surprise, j'évoque les droits élé-
mentaires de la personne, ne pas être pesée par surprise, c'est un piège ignoble, c'est un piège et je suis
dedans. Je crois qu'alors, comme une condamnée, on
me hisse sur la balance, et que je résiste encore, je me
débats. Le monde s'écroule, le fragile édifice que je

croyais si solide, c'est la maison de paille du petit cochon.

La balance indique 29. 29, c'est la fin du monde. On m'a prévenue, ne pas tomber plus bas. Je suis plus bas que terre, j'ai honte et j'ai peur. On me dit des paroles terribles. Que je trahis toutes les confiances et que je n'ai pas respecté le contrat. On m'a laissée en paix, pendant des mois, comptant sur mon intelligence et misant sur la confiance qui est la base des relations humaines. J'ai trahi, trompé, fait croire à mes mensonges, on a cru à ma bonne volonté.

Mais c'est fini.

On me laisse seule et je pleure, assise par terre, à côté de la balance. Les bras ballants, la tête brûlante, les yeux brûlants, je ne sais plus rien.

Demain, tu iras chez le médecin avec ta mère.

Je ne sais que répéter qu'on n'a pas le droit de me peser par surprise. On n'avait pas le droit.

J'ai perdu la partie. Je vais être arrêtée. Nous allons chez le médecin comme on va chez le juge. Il est sombre, et de sa bouche aussi sortent des paroles accusatrices. C'est ce mot qui résonne, confiance, on ne peut pas te faire confiance.

Tu as perdu notre confiance. Définitivement.

Ce sont les mots de l'abandon. Les fils qui me relient aux autres, marionnette parmi les marionnettes, se rompent, mon cœur se fend et sèche. Il faut me faire confiance, même si je mens, même si je triche, surtout si je mens.

Désormais, je me tais.

Chez le médecin, je me tais.

Dans le long couloir de la maison où parfois nous nous croisons, je me tais. C'est un silence intolérable, je m'en rends compte des années après, c'est pour Nouk un silence normal. Je n'ai rien à dire et mes mots ne valent rien.

Le médecin m'envoie chez un autre médecin, très loin. Je crois discerner aux commissures de sa vieille bouche de la sollicitude, fugace. Ils parlent entre eux, c'est un prétoire, c'est un jugement, j'attends, je sais qu'il va se passer quelque chose.

Un jour d'été, on m'arrête.

Je ne ramasse pas mes affaires, on n'emporte rien, c'est inutile. Je remplis mes poches de caramels aux noisettes. Une ambulance hurlante traverse Paris, nous roulons vers l'ouest. Une ambulance, ses hurlements de bête.

En vérité, nous montons, mon père, ma mère et moi, dans la DS bleue et crème qui monte sur ses pattes, et personne ne dit mot.

C'est vert et doux, il y a des milliers de rosiers en fleurs qui sentent la pomme, des jardins, et un lac au loin. Le ciel est parsemé de petits nuages ronds sur fond bleu, comme en dessinent les enfants.

Nous sommes arrivés. Il y a une grille en fer à l'entrée d'un parc, comme dans cette maison où la mère de ma mère a disparu.

Très vite, ils s'en vont, mon père et ma mère, on leur a dit de procéder ainsi. Pas d'hystérie, pas de cris. Ils me disent que tout ira bien, ils sont courageux, ils font ce que les spécialistes leur ont recommandé, parce que la situation de cette petite fille extrémiste est plus grave que vous ne le croyez. Beaucoup en meurent, de ces adolescentes qui font leur crise, un peu fort. En Amérique, il en meurt beaucoup. Et en Allemagne aussi.

Pourquoi suis-je si profondément convaincue que ces filles qui se laissent mourir ont une raison commune et secrète, qu'elles cherchent à savoir où est la vie et où est la mort, à cause de quelque chose qu'il fallait leur dire, qu'on n'a pas pu leur dire, quelque chose qui leur fait peur.

Le poids déplacé d'une faute?

Le hall de cette clinique où je suis, je l'ai vu très vite, on m'a montée tout de suite dans une chambre. Tout de suite on m'a retiré mes habits et mise en pyjama.

Où emportent-ils mes habits? J'ai peur.

Je me souviens parfaitement du lit, au milieu de la pièce. La fenêtre est à gauche, elle ne s'ouvre pas sans une clé spéciale. La salle de bains aussi est fermée à clé. Ici on connaît les manèges des gamines anorexiques, leurs ruses piteuses, qu'elles croient inventer toutes seules et qui sont éternellement les mêmes, le coup de l'eau et les vomissements, les bonbons en douce, les simagrées, l'infirmière en a vu d'autres ; ça la fatigue et c'est tout.

Il y a Nouk, hébétée, sur son lit. Et l'infirmière lui explique bien les choses. La fenêtre bouclée : pas de tentative de suicide, ça la fatigue, et pour les toilettes, prière de sonner. Mais pas trop souvent. Et pas la peine d'essayer de l'embobiner, de l'amadouer.

Elles reçoivent une formation spéciale, on leur apprend à se méfier. «Vous êtes toutes les mêmes, enjôleuses et sournoises, explique l'infirmière. Vous avez l'air de chats mouillés, de brindilles, plus d'une fois on s'est fait avoir, il ne faut rien vous céder, il ne faut pas vous écouter. Les docteurs font des cours. C'est une maladie mentale, on n'y connaît rien, on sait seulement ce qui marche, ne pas vous écouter et vous faire sentir enfin qui est le plus fort. On vous matera comme les autres, ma petite. Les anorexiques sont méchantes, elles ne savent pas quoi inventer pour torturer leurs familles, se rendre intéressantes. Elles mettent leur intelligence au service de leur perversité. Tout ça parce que c'est des gosses de riches, trop gâtées, qui n'ont pas connu la guerre, n'ont jamais rien fait de leurs dix doigts. »

L'infirmière parle toute seule, et puis elle se souvient de Nouk, qui la regarde, avec ses nouveaux yeux fixes.

— N'essaie pas de nous compliquer la vie, c'est tout ce que j'ai à te dire.

Nouk comprend qu'elle doit simplement sortir le plus vite possible. Ça, elle le comprend.

Il y a un examen médical. Le docteur est immense et son front est inoubliablement opaque. On ne peut rien sentir de lui.

Il prononce des mots simples. Il dit :

— Tu pèses vingt-sept kilos. Tu sortiras quand tu en auras repris suffisamment pour que nous considérions que c'est assez.

Nouk essaie de lui faire comprendre qu'elle est prête à tout, à manger toute la journée s'il le faut, elle pense qu'elle pourra toujours redevenir elle-même après, rendue à la liberté. Elle dit qu'on doit lui donner des chiffres plus précis, des dates. Elle se trompe, elle n'a rien compris à la méthode des docteurs. On ne doit rien du tout. On ne lui parle pas. Il faut qu'elle se mette bien dans le crâne qu'elle est folle. On ne parle pas aux folles de quatorze ans.

Elle attend qu'on vienne. À six heures et demie du soir, on est passé avec une table roulante, elle n'a pas vu de visage, juste un plateau. Un plateau de nourriture a franchi la porte blanche, des mains l'ont posé. C'est le plateau de la Belle et la Bête, il n'y a pas de bougies, ni de musique, il n'y a pas d'amour non plus. Dans l'assiette blanche avec de la soupe orange clair qui tangue au milieu, de la soupe claire, un ravier de légumes inconnus au bataillon, un yaourt et une pomme.

Nouk avale tout, bourre le yaourt de morceaux de pain et vide le sachet de sucre Vita Nova dans le pot en carton qui explose, elle lape la soupe, s'enfile les légumes, sûrement une sorte de rutabagas cultivés spécialement pour les hôpitaux et les prisons, des cousins dégénérés des salsifis, elle insulte mollement la nourriture, elle sonne, elle sonne, le plateau est vide, nettoyé, il faut en redemander un autre, ne pas perdre une minute.

L'infirmière entre, le visage fermé, bien à l'abri dans sa cuirasse mentale anti-anorexiques-dangereuses.

— J'ai tout fini, dit Nouk. Pleine d'espoir.

Peut-être qu'on va lui rendre ses habits, peut-être que ses parents vont rentrer, que le cauchemar va s'interrompre.

Elle est gentille, elle est soumise, docile, bonne. Ils savent bien qu'elle a toujours été une bonne élève, une fille qui cherche à bien faire.

Réveil : six heures et demie. Petit déjeuner :

sept heures, dit la femme, et la porte blanche se referme.

La porte s'est refermée, la nuit tombe un peu, il est peut-être dix heures et demie du soir, c'est l'été. Je suis seule, dans une boîte blanche, j'ai très peur, surtout du temps qui ne passe pas. Comment franchir toutes ces heures, je n'ai plus de montre, la fenêtre ne s'ouvre pas.

Nouk attend le docteur. Il n'y a plus de docteurs depuis longtemps dans la clinique, ils sont chez eux. Ça fait rire l'infirmière de nuit, cette requête. Elle se croit à l'hôtel, ma parole, maintenant tu dors.

Elle donne à Nouk un comprimé pour dormir. Nouk le crache, ça lui fait peur, elle n'a jamais avalé une chose pareille, et puis qu'est-ce qui prouve que c'est pour la faire dormir.

Dans la chambre, il n'y a absolument rien. Ils ont pris les caramels aux noisettes, les seuls amis de Nouk, pas de radio et pas de livres, pas de crayon, pas de papier, pas d'habits, pas de photos, pas d'ours en peluche, rien. C'est la nuit, éternellement, cette nuit.

Nouk regrette le comprimé craché. Elle sent sa langue soudain gonflée dans sa bouche, ses bras s'agitent et toute sa peau la démange, elle marche dans la chambre noire, elle n'ose pas crier, quand elle s'allonge, ses os lui font mal, elle sent tous les points de son corps, des épines, elle essaie de se chanter quelque chose mais elle n'a plus de voix. Elle voudrait boire de l'eau. Les toilettes sont fermées. C'est juste une petite insomnie d'hôpital, mais elle ne sait pas. Finalement, elle sonne, elle est sûre qu'on va venir la tuer, l'infirmière de nuit met longtemps à venir, elle allume la lumière en grand, elle est en colère.

Nouk se ratatine sur le lit, elle regarde la femme qui crie. Elle ne comprend rien à ce que dit cette bouche pâle, elle regarde les dents de la femme qui crie, ses petites dents qui montent et qui descendent pendant que la femme parle.

La femme sort, revient avec un verre d'eau et un comprimé rose. Elle repart. Elle dit : « Ne recommence pas à sonner à quatre heures du matin pour rien ; moi, encore, je suis patiente, mais elles ne sont pas toutes comme moi. Méfie-toi. »

Il fait noir, le comprimé rose agit. Nouk disparaît de la circulation.

Au matin, il fait très beau. Je colle mon front à la vitre, très fort. Ça me ramène des années en arrière, des journées le front appuyé contre la fenêtre de la chambre. Tu as une sinusite, avait dit le docteur. J'étais assez contente de cette maladie, j'en avais marre justement de n'être jamais malade, j'étais fière d'avoir le front si lourd, un caillou dans la tête. J'aimais bien aussi les inhalations, la serviette éponge sur le crâne

et les vapeurs d'eucalyptus. J'aimais être obligée de
ne rien faire, le coton des journées, la nouvelle lenteur, ça me faisait découvrir le sol bleu de la chambre, le bruit exact de l'eau coulant dans la baignoire,
le grain précis du bois de ma table. C'était la première
fois que je me sentais douce et lente. Évidemment, ce
qui était embêtant, c'était d'avoir mal.

Il est sept heures, des tas d'oiseaux chantent, je ne
sais aucun nom d'oiseau, hormis les corbeaux et les
mouettes. Les oiseaux célèbrent la lumière du matin,
le soleil et les taches rouges et roses des fleurs du parc.
Je me cogne à la vitre, et l'infirmière entre. Elle dit :
« petit déjeuner », et elle sort.

Il y a du thé, deux biscottes, un petit carré de beurre
emballé dans du papier doré, un pot de miel pour nains
et un bol de bouillie. J'en conclus qu'ils veulent me
garder mille ans. Comment pourrais-je grossir avec un
régime pareil ? Je veux des croissants au beurre et des
brioches, du chocolat viennois, sept pots de confiture,
mais je me souviens qu'on n'est pas à l'hôtel, ici, et
qu'il vaut mieux garder ces intelligentes remarques
pour moi. La bouillie est une révélation. C'est blanc,
normal pour de la bouillie, à la fois sucré et salé. Toute
ma vie, je chercherai à retrouver ce goût sans nom. Je
lape la bouillie si douce, j'en redemande, mais c'est non.
On ne fait pas de caprices, ici, on ne demande rien,
j'ai l'air d'avoir du mal à le comprendre.

Je vis désormais pour la bouillie de sept heures.

Une fille de quatorze ans attend. Rien à faire, elle n'a le droit de rien. Nouk a souvent craint d'être punie, mais jamais elle n'aurait imaginé châtiment si cruel. Elle a tellement peur qu'elle en est brisée. Tout le temps elle aura peur d'une punition imprévisible, qui tombe du ciel, on sait très bien pourquoi, on ne sait pas comment. Dans la pièce blanche, il n'y a que ce lit, cette tablette vide, et deux portes fermées. Pas de livres, pas de radio, pas de papier, pas de crayons, pas d'habits, Nouk, seule et sa tête vide, et sa bouche. Nouk essaie de dormir, elle se roule en boule sur le lit, les cauchemars l'envahissent. C'est la seule chose qui lui arrive, la bouillie du matin, les deux repas engloutis à midi et six heures et demie du soir, et les cauchemars.

Elle rêve de ses gencives, là, juste sur le devant de sa bouche. La gencive est blanche et très longue, une longue fissure est apparue, qui se creuse à vue d'œil, et la dent, sans plus d'appui, tombe. À sa suite, toutes les autres dents se déchaussent, Nouk a les mains pleines de dents qu'elle essaie fébrilement de recaser, mais elle ne sait pas les places, c'est un puzzle impossible. Nouk est très gênée d'être édentée, vraiment très gênée, comme dans les rêves où l'on est nu, au milieu de la place de la Concorde, sans issue de secours, sans porte dérobée, sans rien. Le rêve revient tout le temps.

Nouk préfère encore rester les yeux ouverts à contempler le plafond repeint. Allongée sur le lit, pendant des heures, elle fait des battements de pieds, des pédalages, et puis elle ne fait rien. Elle constate qu'elle n'a aucune vie intérieure, elle ne pense à rien. Penser à quoi que ce soit lui fait mal.

Elle devient toute molle, sauf la nuit, où elle se hérisse d'autres rêves pénibles qui lui coupent le souffle. La nuit, elle court dans ses rêves pour échapper à toutes sortes de nazis.

Une semaine passe, et le médecin l'emmène à la pesée.

Nouk a perdu la voix. Quand on ne parle à personne trop longtemps, on a peur de ce qui va sortir, des sons. Que ça sorte de travers ou que ça ne sorte pas du tout.

La balance marque trente-deux. Ça leur donne raison. Nouk préférerait qu'ils sachent comme ils ont tort. Mais elle a compris que ce n'est pas la peine, elle continue à être sage. Au bout de deux semaines on lui donne une radio et le droit de cocher des livres sur le catalogue de la bibliothèque.

Nouk coche tous les livres de la rubrique «Humour». Elle lit des horreurs, Jacques Perret et *Au Bon Beurre*. Des livres gras dont elle espère qu'ils font grossir. Elle lit n'importe quoi, elle lit les livres quatre fois de suite, on n'a droit qu'à trois livres par semaine. Nouk prend des livres de géographie, elle apprend tout par cœur. La radio passe mille fois par jour la même chanson. C'est : *Comme un garçon, j'ai les cheveux longs, comme un garçon, je porte un blouson.*

Ça lui donne envie de vomir.

Elle laisse la radio allumée.

Au bout d'un mois, elle a des joues de hamster. Heureusement qu'il n'y a pas de glace dans cette chambre.

Le médecin vient la féliciter. Pour son hypocrisie, sa lâcheté, ses nouveaux mensonges silencieux de prisonnière. Elle a droit à du papier, à un bic jaune, elle écrit tous les jours des lettres d'amour à ses parents. Ils ne répondent pas. Ils ne peuvent pas répondre, parce qu'on ne leur transmet pas les lettres.

Dehors, il doit faire très chaud, c'est le plein été, j'imagine le bruit des vagues, les cris de bébés sur les plages, les éclaboussures, la couleur des parasols, les lettres qu'on dessine dans le sable pour un pendu.

À l'école maternelle, on nous avait donné des boîtes de sable blanc, nous apprenions les lettres en les dessinant dans ce sable avec le doigt.

Nouk écrit des poèmes à la con. Je ne crois pas qu'elle s'apitoie sur son sort. Elle craint bien trop de pleurer. Et puis elle veut sortir. Elle ne pense rien de ce qui lui arrive. Ça arrive, c'est tout.

Un jour, elle a le droit de sortir dans le jardin qui

est un parc magnifique. Elle marche seule dans les allées. Elle est comme une nouvelle-née, elle est envahie de joie devant les fleurs, elle dit avant je ne les regardais jamais vraiment, elle a le cœur gonflé de joie parce qu'elle respire de l'air d'été, elle caresse des bouts d'herbe, elle se tord le cou pour ne rien perdre des arbres immenses, qui sont peut-être des pins, des chênes, des mélèzes, des cèdres du Liban. Elle dit plus jamais je n'oublierai la beauté des choses et leur odeur. Elle est pleine de reconnaissance. Au loin, passe une jeune fille. Seule aussi. Nouk s'élance, pleine de son nouvel amour. Elles se mettent sur un banc. La jeune fille est sombre, avec des joues pâles et des yeux creux, elle écoute Nouk, elles sont pareilles, deux prisonnières à la promenade. Ça fait deux mille ans que je n'ai pas eu d'amies.

Elles parlent. Du médecin, des infirmières et de la bouillie, des couloirs et des crimes qu'elles ont sur la conscience.

Nouk rentre dans sa chambre, folle de joie.

Il est six heures et demie, le plateau du dîner entre, et le médecin au front opaque est derrière lui. Il regarde Nouk avec colère. Il ne s'assied pas. Il dit : Tu as fait beaucoup de mal à cette jeune fille. Les malades n'ont pas le droit de se parler. Tu as démoli tout notre travail. TU LUI AS FAIT BEAUCOUP DE MAL. Et il sort. Et Nouk s'effondre, elle pleure, elle ne fait que pleurer, elle ne sait plus à quelle part d'elle-même se raccrocher. Elle se répète tous les mots prononcés dans le parc, tous les gestes, tous les sourires et l'amour, elle ne peut pas avoir fait du mal, ou alors c'est qu'elle est si mauvaise et si folle qu'il est impossible même qu'elle en aperçoive rien. Elle EST du poison. Du poison qui ne sait pas ce qu'il est.

Les promenades sont supprimées. Nouk sent dans son dos les paroles acides des infirmières.

Elle se tait complètement, sauf, parfois, pour demander l'heure, ou le jour.

Encore des semaines qui passent. Un jour, on lui accorde le droit de peindre.

Elle trouve normal qu'arrivent, d'on ne sait où, une boîte en bois, des tubes de couleur, de la térébenthine et un chiffon, deux petites toiles, des couteaux.

Nouk peint depuis le temps de la table ronde de la chambre de sa grand-mère. Elle et Cora sont allées longtemps dans un atelier où l'on apprenait à dessiner des arbres en pensant à leur poussée, en accompagnant leur croissance, comme s'il fallait la reconstituer par des gestes de bras souples et complices, en vérité des moulinets. Ce qu'il y a de bien quand on peint, et même si l'on peint mal, c'est qu'ensuite, on regarde les ciels, les collines et les arbres tout à fait autrement, en faisant les gestes, en pensant aux couleurs, Nouk a peint aussi beaucoup de ciels d'automne, avec des marrons, des verts et des gris.

Ensuite, elle a cessé presque complètement de peindre. Ce qu'il y avait sur la toile était trop éloigné de ce qu'elle espérait, de ce qu'elle croyait faire. Il y avait aussi une autre raison, moins noble. Elle trouvait les toiles peintes par Cora beaucoup plus belles, plus aériennes. Cora était plus douée. Point.

Mais dans la chambre, il n'y a personne pour dire qui peint le mieux, peindre devient quelque chose à soi. Nouk peint. Elle ne sait pas quoi peindre, il n'y a pas d'arbres, ni de ciels, ni de montagnes à peindre en dégradé. Elle dessine une figure, avec du rouge et du rose, des ombres beiges, et deux trous noirs intenses, très fixes, ce sont les yeux. Nouk fait son propre portrait, des touffes marron autour de ce visage immobile. Elle y passe des jours, elle ne demande plus l'heure.

La nouvelle figure de Nouk a de bonnes joues, c'est un masque dont les yeux seuls disent la profonde incompréhension. Le tableau existe toujours, il ne reste rien d'autre pour moi, qui raconte cette époque.

J'avais neuf ans. L'institutrice, Mme Phély, qui nous impressionnait beaucoup, parce qu'on disait qu'elle avait été la préceptrice du roi Hassan II, avait demandé à ma mère si elle accepterait que je pose pour elle.

J'étais fière, j'allais aux séances de pose avec un sentiment de gloire, j'étais convaincue qu'une vérité splen-
dide allait sortir de ce tableau. Qu'il allait se passer
quelque chose.

Un jour Mme Phély a fini le tableau et me l'a
montré.

Il y avait une tête minuscule et une robe grise en
dessous, c'était un tableau mort et triste, j'en ai tiré
une conclusion désespérante dont je ne me souviens
pas. J'ai pensé qu'elle n'avait pas du tout besoin de
moi, de tous mes jeudis après-midi, pour faire cette
chose si décorative et bête. Peut-être en ai-je conclu
que ce n'était pas bien d'être un mauvais peintre, qui
embête les enfants.

Nouk grossit beaucoup, elle est un peu gonflée, elle
évite dorénavant d'entourer ses cuisses de ses mains,
qui n'en font plus le tour. Le docteur est très content
des résultats. Il dit : Tu sortiras bientôt, et, dès dimanche, tu vas avoir une visite.

Une visite. Ça fait battre le cœur.

La visite arrive. C'est un homme blond, très beau,
un acteur qui joue dans le film de sa mère. Nouk est
amoureuse. On l'emmène à Paris, il faut d'autres
habits pour sortir, d'autres habits que cette robe beaucoup trop collante, beaucoup trop petite pour le nouveau corps qu'on lui a fabriqué ici.

Les grilles s'ouvrent toutes seules pour laisser passer la voiture de la reine. Le prince charmant m'emmène rue Tronchet, il m'achète des vêtements, il est gentil. Il me dit que je vais prendre un train qui m'emmènera dans le Midi, pour me reposer. Il dit ce pantalon te va bien. Je pense qu'il devrait rester avec moi, et m'emmener, s'il m'aime. Je crois qu'il m'aime.

Nouk prend le train toute seule, dans son nouveau tailleur-pantalon beige. Sur le quai, on l'attend.

CHAPITRE SEPT

Alors, Geneviève, dit l'homme qui attend sur le quai. Il fait chaud, et je sue. Je ne suais plus depuis si longtemps ; c'est désagréable, il va falloir que ça s'arrête vite. Nouk est si mal guérie, elle ne pense qu'à la manière de faire vite repartir toute cette mauvaise graisse qu'on l'a obligée à accepter, ce déguisement de survie. Il a un accent rocailleux, avec du soleil, c'est un nouveau nom qu'il me donne. Je veux bien être cette Geneviève-là, je suis le vilain petit canard, cet homme qui m'attend, j'en fais ma mère, je me glisse sous son aile. Je crois tout de suite qu'il m'aime, à cause de ses yeux, des accents de mon nom.

Ils roulent dans une voiture, vers une maison, on reconnaît de loin la maison, dit l'homme, à cause de la tour. Il est fier de cette tour, et moi aussi. La Tour prends garde, pensé-je. Prends garde à toi.

De ce séjour, de ce sas vers la liberté, de cet accueil,

95

PETITE

je n'ai rien à dire, je ne m'en souviens pas. Je crois que le sentiment d'être en liberté provisoire, la joie intense de l'air, d'être dehors, envahissent et effacent tout. Je me souviens de l'air tiède sur mes grosses joues. Et d'un transat où je passe mes journées, il y a des consignes, je ne dois pas trop bouger, pour que la graisse tienne, ne fonde pas trop vite, s'enracine à mes os.

Comme ça ne tient pas debout, cette histoire de transat, d'obliger une fille de quatorze ans à rester allongée toute la journée, mes nouveaux parents canards enfreignent les ordres. Ce ne sont pas des gens ordinaires, ils ont ce culot, ce courage de recevoir une adolescente peut-être résolue à semer son désordre dans leur nid à eux. Une fille qui sort de la clinique psychiatrique. Et en plus ils n'en font qu'à leur tête. Ils ne la pèsent pas, comme ils devraient, tous les deux jours, ils la laissent courir.

Ils m'ont dit deux choses dont je me souviens.

La première, c'est que, contrairement à ce que je pense, ce n'est pas très important, la beauté.

Que j'avais tort de penser trop à cela, être belle, ou être laide. Ils ont dit que j'étais bien assez belle pour ne pas me torturer avec ce faux problème. Je n'en ai pas cru un mot, mais certaines phrases s'impriment pour toujours et celle-ci en fait partie. C'était comme s'ils me disaient de moins me fatiguer.

Moins me fatiguer.

Un jour, encore, l'homme est entré dans la chambre qu'on m'avait donnée. Le soleil était haut. Il m'a tendu un livre minuscule, un livre mince, dont il m'a dit qu'il me fallait le lire, que c'était important. Il a dit : Ça s'appelle *Une journée d'Ivan Denissovitch*. Lis-le.

Nouk n'a pas très envie de lire ce livre. Elle craint encore la tristesse. Elle préférerait continuer à lire, comme à la clinique, des livres qui ne font rien, qui ne touchent à rien, qui anesthésient un peu, ces fameux livres de la rubrique « Humour » du catalogue plastifié de la clinique. Elle hésite parce que c'est un livre russe, qui lui rappelle ces livres russes qu'elle a lus par amour pour Irina Georgievna, Mme Commeau de son vrai nom, la professeur de russe du lycée, par amour pour la manière dont elle disait : « *Çaditse, pajalesta* », asseyez-vous, s'il vous plaît, dont elle l'avait baptisée : « Tu seras Génia. » Pour ses lunettes carrées et ses goûters russes de Pâques, ses manières uniques de Russe blanche bolchevique et anticommuniste, sa passion. Pour elle, Nouk a lu d'un trait *Le Don paisible*, un tas de fresques soviétiques et bucoliques, et *Les Drapeaux sur les tours*. Pour elle, elle a appris des kilomètres de poèmes de Lermontov. Nouk craint que la *Journée d'Ivan Denissovitch* ne sabote cet édifice fragile, cette Russie inventée.

Et puis elle le lit.

Le travail, le froid, la peur, la soupe chaude.
Elle relit la dernière page inlassablement :

« Cette journée lui avait apporté des tas de bonnes chances : on ne l'avait pas mis au cachot ; leur brigade n'avait point été envoyée à la Cité du Socialisme ; à déjeuner, il avait maraudé une kacha ; les tant pour cent avaient été joliment décrochés par le brigadier ; il avait maçonné à cœur joie ; il s'était acheté du bon tabac ; et au lieu de tomber malade, il avait chassé le mal. Une journée de passée. Sans seulement un nuage. Presque de bonheur. »

Quelquefois les livres vous aident plus que n'importe quoi.

Nouk croit que tout va reprendre comme avant. C'est la fin de l'été. La rentrée. Elle se souvient de la maison, et de Cora et du bébé. On lui dit de ne plus y penser. Ce n'est pas ainsi que les choses sont prévues.
Sa présence n'est pas souhaitable dans un foyer qu'elle a bien assez perturbé. D'ailleurs c'est vrai, elle avait l'intention de continuer. Elle a le sentiment qu'elle va tomber dans le vide quand on lui dit ça. Tout est organisé. Elle va vivre ailleurs. Elle aura une chambre à elle. Une chambre mansardée très jolie. On lui achète un couvre-lit moutarde en velours côtelé

avec des franges. Elle s'attache beaucoup à ce couvre-lit.

La maison est près de chez les aveugles. Au fond d'une cour pavée, c'est presque la campagne. Elle éprouve de la reconnaissance pour l'homme et la femme qui l'ont adoptée provisoirement. Ils se tiennent à une distance douce, ils écoutent de la musique, et ont pour elle des gestes délicats. Le matin, avant de partir travailler, la femme prépare un dîner dans une cocotte-minute. On ne lui pose aucune question, et, sur les murs, il y a des choses très belles.

Nouk met ses livres de classe dans un élastique et elle part au lycée avec un sentiment nouveau de légèreté. Elle passe presque tout son temps à marcher.

En vérité, je ne me souviens de rien. Cette année-là est un mystère. Tout a l'air normal, je vis chez deux personnes qui me prodiguent une affection discrète et chaude, je travaille, je vis, je ne parle pas mais je vis. Je mange comme je peux, je vomis de nouveau, mais je mange comme je peux, une sorte de coquille, de brouillard, me sépare du monde. On a brisé la nuque trop raide de Nouk, elle ne le sait pas, elle traverse les journées, tout glisse sur elle, ou alors, c'est elle qui glisse, on pourrait penser qu'elle est ailleurs, elle s'est retranchée très loin.

Une fois par semaine, Nouk va chez un autre docteur.

Elle s'assoit en face de lui. Elle doit parler pendant une demi-heure. Ça ne la dérange pas spécialement.

Elle y va. Elle s'assoit, elle constate qu'elle n'aime pas cet homme parce qu'il est gros. Un homme gros, elle ne voit pas ce qu'il pourrait comprendre à une fille maigre, ou amoureuse de l'idée de maigreur. Il sourit beaucoup et elle n'aime pas ça. Il rit aussi. Nouk a l'impression qu'il parle à côté d'elle. Ça ne fait rien, d'ailleurs. Elle est d'accord pour tout, elle raconte n'importe quoi pendant une demi-heure et ça a l'air de lui convenir parfaitement, puisqu'il est ravi. Ce qu'elle n'aime pas, c'est qu'il ne s'aperçoive pas des blagues qu'elle lui fait. Ce n'est pas rassurant. Il devrait savoir quand elle invente de faux rêves, il devrait lui dire qu'elle ment, puisqu'elle ment tout le temps. Peut-être qu'il ne s'y trompe pas, d'ailleurs. Nouk pense plutôt que tout le monde se fiche de tout, et elle aussi. On n'est pas dans le vrai. Tout le monde fait semblant, et la vie coule sur les plumes des canards qui attendent que leurs plumes se fripent pour pleurer.

C'est alors qu'elle trouve un but dans la vie.

Tous les jours, elle vole un livre. Elle fait collection. Un par jour, pas plus, et pas moins. Ce qui varie, ce sont les techniques de vol, et les endroits. Elle n'a aucune idée de ce qui la pousse à agir ainsi. Elle sait juste que ça lui fait du bien, ça calme quelque chose. La manière qu'elle préfère, c'est de glisser le livre dans une chemise cartonnée à rabats. Il disparaît. Il réapparaît dehors. C'est un genre de pêche. C'est aussi un geste très grave, et elle a une peur horrible de se faire prendre. Elle n'aurait rien à dire pour sa défense. Comme d'habitude, elle ne pourrait qu'être entièrement du côté de ses accusateurs. Il y a là encore une manifestation de ce démon qui l'habite.

Le soir, dans la lumière moutarde et douce de sa chambre mansardée, elle copie des morceaux de livre, puis elle les range les uns à côté des autres. Elle met le nouveau à sa place.

Dans les rues, elle regarde les gens. Elle peut d'autant mieux le faire qu'elle a acquis, je ne sais pourquoi, une étrange invisibilité. Quand on prend l'habitude de regarder les gens dans la rue, de les regarder vraiment, c'est une sorte de drogue.

Elle voit des chiens emmaillotés comme des bébés, un homme qui regarde le bord usé de son veston vert à chevrons. Il a un sac informe au bout du bras et il regarde par toutes les fenêtres des cafés. Elle pense qu'il a un chat mort dans son sac. Elle voit près d'une voiture, cachée par la carrosserie, une femme qui frappe un enfant. Elle voit des yeux fixes derrière des carreaux, elle voit près d'une boîte aux lettres jaune, une vieille femme aux chevilles si usées qu'elle les a entourées de chiffons, et qui marmonne, en glissant quelque chose dans la fente : « Ce n'est rien, ce n'est pour personne, ce sont des impôts que je renvoie, puisque les gens sont partis depuis dix ans. »

Elle regarde. Des tailleurs roses sur des femmes aux visages furieux, des garçons et des filles de son âge. Elle voit, un jour, un homme qui baigne ses pieds nus dans un caniveau, sans que quiconque ne lui sourie.
Elle peut même voir une jeune fille agenouillée refaire les lacets d'un vieillard.

Elle voit de très jolies femmes faire relâche, parce que personne ne les regarde.
Tout cela est bien beau, mais le médecin est en colère. Pendant que Nouk divague, croyant être libre, croyant être tranquille, et sans savoir qu'elle croit vivre, alors qu'elle n'est qu'un pauvre petit fantôme, lui, il constate qu'elle a beaucoup maigri.
Est-il nécessaire d'ajouter qu'on ne peut décidément pas lui faire confiance ?

CHAPITRE HUIT

Nouk fait attention à préserver les apparences. Elle se maintient tant bien que mal à un poids qui déplaît certes au docteur mais ne justifie pas qu'on la réenferme. Elle ne fait plus de provocations à table. Elle mange sagement la moitié de ce qu'on lui sert. Et puis elle prend d'infinies précautions pour aller s'enfermer dans les toilettes. Où qu'elle aille, ce qui lui importe, c'est l'emplacement de la cuvette de chiottes, assez loin de la pièce principale pour qu'on ne l'entende pas. Quoi qu'elle mange, elle se demande s'il sera facile de s'en nettoyer. Elle vit comme tout le monde, extérieurement. Elle est prisonnière en vérité d'un filet de contraintes bizarres. Si elle grossit, elle souffre, elle a peur, elle a l'impression de sombrer. Quand elle maigrit, elle tremble. Elle sait ce qui l'attend. Toute la journée, tous les jours de sa vie, elle ne pense qu'à ça. Nouk marche sur un fil. Elle passe sa vie à regarder ses pieds.

Elle reste pendant des heures en contemplation devant un yaourt à la pêche en se demandant si elle doit le manger ou non. Elle essaie aussi de simplifier les aliments. Il lui semble moins dangereux de manger, par exemple, une pêche seule. Un yaourt blanc.

Elle se cache derrière ses cheveux, qui sont très longs.

Un jour, sur le boulevard, elle croise des gens qui crient sous la pluie. C'est une foule de parapluies noirs hurlant Ho, Ho, Ho Chi Minh, FNL vaincra. Elle ne sait pas de quoi ils parlent, elle les suit pour voir où ils vont. Elle comprend qu'ils parlent de la guerre du Vietnam, et elle lit des choses dans les journaux, pour en savoir davantage.

Elle est comme un bateau pris dans un calme plat, attendant un souffle de vent qui l'aiderait à repartir.

Alors, pendant des semaines, elle cherche la trace de ces garçons qui criaient sous la pluie froide.

Sur le mur du couloir de la Sorbonne, il y a un panneau en carton, avec une flèche, «Comité Vietnam, deuxième étage, escalier du fond». Je me demande où cette fille prend le courage de pousser la porte de bois, d'entrer dans ce grenier de conspirateurs où elle ne connaît personne. Une douzaine de garçons sont assis. Ils fument en condamnant l'impérialisme américain. Nouk reste là, fascinée, interdite. Elle pense que c'était une erreur de mettre ce pantalon bleu pétrole en velours frappé, que ça se remarque trop. Elle se met dans un coin. Personne ne fait attention, elle écoute attentivement, comme on va à un cours de langues étrangères, au début on ne comprend pas un mot, on se dit que ça va s'arranger tout seul.

Et c'est vrai, peu à peu, elle comprend ce qu'ils disent. Ça lui paraît bien. Alors elle fait comme au cours de physique, quand elle avait une idée sur les électrons et la marche du monde. Elle lève la main. Elle murmure, parce qu'elle se souvient d'un article qu'elle a lu, elle suggère que peut-être les Américains n'ont pas tous les torts, dans aucune guerre les torts ne peuvent être exclusivement d'un côté. Elle prend de l'assurance, se demande à voix haute si on n'aiderait pas mieux les Vietnamiens en étant objectif. Peut-être ne sont-ils pas absolument sans reproche.

Tout le monde se tord de rire, puis quelqu'un se met en colère. Le parquet sous ses Clarks devient un marécage qui l'engloutit, elle est ridicule, elle s'en va.

C'est le début d'un long apprentissage : découvrir, d'une autre manière, une chose qu'elle sait déjà : son arrogance bourgeoise, sa manière de penser, fausse, toujours fausse, que seul, peut-être, le marxisme pourrait laver.

Nouk cesse d'écrire des poèmes, et elle vole des brochures orange et blanches des Éditions Sociales, qu'elle ne lit pas. Elle ne sait pas très bien ce qu'elle fait, c'est l'air du temps. Elle s'entraîne à ne pas dire FLN pour FNL.

Elle ne retourne pas dans la petite salle de la Sorbonne.

Elle retourne habiter chez ses parents. Elle vole les livres de la «Petite bibliothèque Maspéro».

Un jour, en sortant d'un magasin, elle sent une main sur son épaule. Enfin prise. Ils l'emmènent au sous-sol, ils lui font peur. Elle ne recommence plus. D'ailleurs, rapidement, comme tout le monde à Paris, elle a de quoi s'occuper. C'est le temps des manifestations, la France ne s'ennuie plus, Nouk a reçu la consigne de faire des détours pour éviter les défilés, ne pas prendre de coups, elle les cherche et les évite, ça donne des résultats bizarres, elle crie avec des gens inconnus des choses qui lui plaisent, et puis elle sort des rangs, à cause d'un rien qui lui a fait sentir brusquement qu'ils étaient entre eux et qu'elle était une intruse.

Quand la nuit tombe, de toutes manières, elle doit rentrer, une fille de seize ans ne rêve pas au milieu des grenades lacrymogènes.

Ce qui est bien, c'est qu'elle en oublie de retourner chez le docteur pour parler.

Les parents de Nouk craignent un peu la révolution et les coups de matraque. Ils ont surtout peur que

Nouk couche avec un garçon. Ils ont tort d'avoir peur. Nouk est bien loin d'envisager pareilles extrémités. Elle est dans les nuages, elle est tout le temps amoureuse, mais personne ne peut le savoir.

Cet été-là, Nouk est anarchiste. Elle trempe ses jeans dans de l'eau de javel, et ses cheveux dans l'eau oxygénée. Les jeans sont raides et couverts d'auréoles délavées, ses cheveux ont l'aspect attirant de la paille d'une litière. Nouk en fait trop. Elle pleure, la tête au creux du bras, agenouillée au pied de son lit, en écoutant Nina Simone chanter *Ne me quitte pas*. Elle se berce de phrases de Bakounine et de Lautréamont pleines de nuances. Levez-vous orages désirés.

Elle raconte à qui veut l'entendre qu'elle est allée passer son bac pieds nus. Jusqu'à l'automne, elle marche pieds nus pour toujours.

Elle a bientôt dix-sept ans.

Elle voudrait être comme tout le monde, alors elle essaie même d'aller danser. *Nights in White Satin*. Elle se colle contre le mur de la boîte de nuit, elle a mis du coton dans son soutien-gorge, pourvu que personne ne la touche. Personne ne s'y risquerait. Nouk a une idée folle et sauvage des violences sexuelles dans les dancings de station balnéaire. *Strangers in the Night*, il est l'heure de rentrer, Nouk a fait son devoir, appliqué son programme, deux heures de tapisserie, elle remonte sur son solex, la nuit est douce, le vent fait voler sa tignasse, elle roule un peu dans la nuit, elle respire l'air de la liberté, mais pas trop, parce qu'il faut rentrer à l'heure.

C'est la chose la plus importante de sa vie, rentrer à l'heure.

Un jour d'automne, elle va au cinéma voir *Yellow Submarine.*

Elle reste deux séances de suite.

Dans l'escalier, elle sent la présence inquiète et menaçante de son père. Elle bafouille, elle explique. Elle est restée, voilà. Il ne la croit pas. Il ne la croit pas, parce qu'il a peur pour elle.

Il dit qu'on ne peut pas lui faire confiance.

Elle le sait. Elle sait bien qu'elle l'a prouvé depuis longtemps.

C'est encore plus important, désormais, être toujours à l'heure, partout. Nouk, désormais, en guise de conscience, a une horloge dans le ventre.

CHAPITRE NEUF

C'est une réunion, dans un appartement.

Nouk va au comité d'action lycéen.

Elle ne fait plus trop de remarques incongrues. Elle prend des notes. En cours, elle prend des notes, en réunion, elle prend des notes. Souligner des livres à la règle, faire des résumés, prendre des notes. Ça lui convient. C'est sa vie.

Elle remarque un garçon qui prend des notes à côté d'elle. Il a une très jolie écriture serrée, il est sérieux. Il ne parle jamais.

Elle lui envoie un petit dessin, elle lui passe des petits bouts de papier, pleins de mots d'esprit.

Il lui répond.

C'est le premier amour de Nouk.

Ils font des commentaires tendres sur Lénine et la

révolution. Ils se font du charme en discutant de l'extinction de l'État bourgeois.

Ils vont à encore plus de réunions. Ils mélangent Trotski, est-ce que tu m'aimes, et l'impérialisme est un tigre de papier. Ils s'écrivent énormément de lettres, il y est question de leurs programmes de cours, de William Shakespeare écrivant à sa maman, des prochaines vacances, de tu me manques ma chérie, de la libération du prolétariat. Pour Nouk, c'est un espoir de guérison, que quelqu'un l'aime, elle n'y croit pas. En même temps, elle est prête à se marier, non, pas à se marier, disons à se faire adopter, à je vivrai toujours avec toi, je serai guérie, il y aura des enfants. Elle voudrait juste être normale, ils parlent de superstructures, de pureté et de labyrinthes. Elle voudrait juste habiter chez ses parents à lui et l'attendre le soir. Elle espère que s'ils s'aiment, elle n'aura plus jamais envie de vomir.

Elle lui cache qu'elle voit en lui un médicament.

Ça ne marche pas, cet amour. Nouk est terrée dans sa tanière.

Il écrit des choses qu'elle ne prend pas au sérieux, et qui le sont.

Il lui fait des dessins.

Qui refuse : Toi.

Qui refuse quoi ? Toi, tout.

À qui : À tout le monde (à moi).

Quand : En tout temps, en tout lieu.

Comment : En camouflant ce que tu es derrière ce que tu n'es pas.

En quoi : En subjectivisant ta subjectivité.

Pourquoi? Parce que tu es ce que tu es.

En vue de quoi? En vue de toi.

Vers où? Ver de terre.

Elle ne comprend pas du tout de quoi parle ce garçon avec qui il va de soi qu'elle va passer le reste de sa vie.

Elle pense que l'amour c'est ça, s'écrire des lettres pleines de calligrammes, de tendresse et de questions, et puis vivre ensemble et parler de la révolution. Elle devine qu'il voudrait faire l'amour avec elle, elle le devine vaguement, alors qu'il insiste lourdement, avec une délicatesse de garçon, en même temps.

Elle sait que si elle lui cède, il l'abandonnera.

Elle se trompe sur la raison de cette fatalité, mais elle le sait.

Après encore beaucoup de lettres, c'est ce qui arrive, en tout point.

Elle reste une cachottière, bien malgré elle, avant l'amour, pendant et après. Il lui reproche de ne laisser derrière elle qu'un peu d'ironie.

Il la prévient qu'il ne passera pas sa vie à la chercher.

Il l'a prévenue. Un jour, il disparaît.

Ça lui fait énormément de chagrin. Mais, au fond, elle trouve qu'il a raison. Elle n'est pas douée pour l'amour.

Pour essayer d'avoir moins mal, Nouk s'assoit par terre, apprend Mallarmé par cœur et mange des cerises, parce que c'est l'été. Des kilos de cerises, des centaines de vers. Elle ne pleure pas beaucoup, elle serre les dents et crache des noyaux. C'est un chagrin d'amour banal comme une grippe, les signes de la maladie sont bien connus. Quand elle serre les dents, elle a devant les yeux, sa joue à lui, le muscle qui jouait dans sa mâchoire, ce tic.

Elle se souvient que chez sa mère, en Normandie, on mangeait de la rhubarbe, avec du fromage blanc. Elle pense au singe qui lui tirait les cheveux, et qu'ils ont fait des promenades, qu'il aimait la forêt. Elle pense au jour où il l'a emmenée dormir chez ses parents, et où il est entré dans sa chambre, la nuit, avec bravoure et fierté. Elle avait si peur qu'il a dû repartir.

Je fais un petit tas malhonnête de souvenirs, si on raconte une histoire, il ne faut pas le faire à moitié. Mais on n'a pas le droit de toucher aux premières amours. Un roman, j'en ferai un roman, alors je pourrai faire rire, ou faire pleurer, avec ces images que j'ai oubliées. Ici, c'est juste le récit de Nouk. Nouk interloquée, dévastée sans le savoir, bien décidée à ne plus aimer personne, confortée dans sa peur des hommes, comme un paranoïaque à qui la réalité donne forcément raison.

Désormais, elle évite ce bas de la rue de Seine, où elle allait, ponctuellement, à sept heures dix du matin, réveiller son amoureux, le voir avant la classe, puisque c'était le seul moment qui échappait aux horloges. Elle se glissait dans le lit, elle essayait d'oublier la terrible odeur de chaussettes des petites chambres de garçon. Il était content qu'elle vienne. C'est ça qui est difficile à oublier. Elle omet de s'avouer qu'elle, elle était surtout contente d'être une fille normale. N'en parlons plus.

CHAPITRE DIX

C'est à ce moment-là que j'ai commencé à voir régulièrement mon grand-père. Il faudrait vérifier les dates, il me semble que c'est à cause d'un film que je lui avais conseillé de voir, sans croire pour autant que cela lui plairait. *La Salamandre*, d'Alain Tanner.

Je me suis mise à venir le voir régulièrement, toutes les semaines, pour déjeuner.

Il a fallu nous apprivoiser. Il a fallu plusieurs années où nous ne parlions pas de grand-chose, un conversation convenable, entre un vieil homme et sa petite-fille, nous échangions des nouvelles, nous parlions de l'actualité, ça s'est toujours fait dans la famille.

En vingt ans, nous n'avons jamais parlé de ce qu'il appelait en parlant très vite « ta maladie ». Et il changeait immédiatement de sujet.

J'aimais de plus en plus aller chez lui. À cause de

quelque chose de calme, une douceur que je ne trouvais pas ailleurs.

Nouk mange des radis, son grand-père aussi, il met beaucoup de sel et avale un bout de pain entre chaque bouchée. Il dit qu'il a aimé la guerre, celle de 14. C'était atroce, il faisait froid et boueux, les obus pleuvaient dans les tranchées, mais c'est ce qu'il a vécu de plus intéressant dans sa vie.

— Pourquoi c'était bien?

Elle a du mal à accepter ça.

— À la guerre, on n'a plus de soucis. Tout est organisé, tout est décidé. Il suffit de faire ce qu'il y a à faire, c'est reposant. Tout le reste de ma vie, je l'ai vécu dans l'inquiétude, dans l'angoisse. D'ailleurs, ça a été un beau gâchis.

Le grand-père de Nouk a une façon très personnelle de constater ses échecs, avec une sorte d'humour juif rentré. Il dit que maintenant il a tellement de temps pour penser à tout ça. Il dit qu'il est un homme craintif, sans aucun talent particulier, gaffeur et timide, très mauvais en affaires, qu'il était pourtant un bon officier. Ensuite, il a fait un mauvais architecte, un mari insuffisant, et il n'a même pas été capable de faire de la Résistance. Nouk boit ses paroles. Elle ne le croit pas, mais elle adore sa manière de raconter. Chaque semaine, elle entre dans son bureau à douze heures quarante-cinq et il dit bonjour ma grande, sans lever la tête. Il est entouré de papiers, de chemises en carton où sont notées des choses. Il lit en notant des détails — parce que j'oublie tout, jamais eu de mémoire. Elle attend qu'il ait fini.

Elle prend l'habitude de lui apporter des livres.

Il aime les livres d'histoire, les livres de religion, aussi.

— Je me demande parfois, dit-il à Nouk, si vous n'êtes pas tous un rêve que je fais. Il dit que la vie passe en un clin d'œil, ou que ça lui fait peur de mourir. Ça étonne Nouk qui croyait que quand on était très vieux, on trouvait normal de mourir.

— Non, on pense beaucoup à la mort. Et ça fait peur.

Il parle souvent de son petit frère, Paul. Quand nous étions petits, je trouvais qu'on le chouchoutait trop. C'est quelqu'un de bien, lui. Un homme courageux. Nouk préfère à tout la lâcheté auto-proclamée de son grand-père.

Il lui raconte son enfance. Je n'ai jamais eu de mémoire, ni d'imagination, les rédactions, c'était une torture, je n'avais rien à dire, rien à mettre. Nouk considère que cette manière de parler toujours du rien est une manière d'écrivain, mais elle n'en dit rien. Il raconte l'époque où il était étudiant, l'hôtel Louisiane, rue de Seine, les déjeuners chez son oncle Marc et sa tante Lili. «J'allais chez eux, et je me taisais, je n'avais rien à dire. Alors un jour, ils n'ont pas desserré les dents, de tout le repas. Il y a eu un silence très pénible. Je me suis inquiété. "Ce que tu dis n'est pas si important, m'a fait remarquer Marc. On n'écoute pas ou à peine, comme tout le monde. Mais si tous se taisent, tu vois ce que ça donne."»

Nouk aime beaucoup cette leçon de modestie.

Le grand-père de Nouk raconte sa vie en sketches, il lui montre comme on dérange quand on ne veut pas déranger. «Par exemple, aux fêtes, aux anniversaires, aux enterrements, j'allais de groupe en groupe, j'interrompais les conversations, par mon silence, et puis je ne disais rien, puisque je n'avais rien à dire.»

Parfois, ils vont au restaurant, à la Coupole ou chez le chinois. Ils s'assoient côte à côte, comme on faisait autrefois.

Ce que Nouk apprend chez son grand-père, au fil des semaines, au fil des ans, elle ne le sait pas, mais ça s'insinue doucement en elle, très lentement. Elle l'observe, sans s'en apercevoir, elle remarque comme il fait attention à tout ce qu'il fait, comme il le fait lentement et soigneusement, elle trouve que c'est beau, cette manière de faire. Elle remarque qu'il fait très attention à ce qu'il mange. Il lui apprend qu'il a des habitudes très fixes. Je mets toujours le réveil à sept heures trente. Et puis je traîne dans mon lit jusqu'à huit heures. C'est le moment que je préfère, cette demi-heure. Ensuite la journée passe très vite. J'ai tellement de choses à faire.

Nouk réapprend les règles simples de la vie quotidienne.

Un jour, beaucoup plus tard, il a un accident. Il y a eu des opérations, des maladies, la cataracte, mais cet accident est plus grave, une chute sur la tête.

Elle téléphone. Il la gronde. Tu sais bien que je ne peux pas parler au téléphone, j'entends trop mal. Et je me sens trop faible pour qu'on se voie.

Nouk attend qu'il guérisse. Enfin elle peut revenir.

Quand elle vient le soir, elle le trouve triste. Il se plaint de ses jambes, qui n'obéissent plus, et de sa tête, il n'arrive plus à faire des additions, ça l'obsède. Il la fait attendre, il se dispute avec la femme de ménage, pour une histoire de comptes qu'il n'arrive pas à vérifier. «Je ne la supporte pas», dit-il, elle manque tellement de tact. Il dit que la vie ne vaut plus la peine, s'il ne peut plus être subtil.

Alors Nouk s'en va en pleurant. Elle ne sait pas quoi faire. Elle revient avec une calculette très simple, pour les additions.

Les mois passent, Nouk prend l'habitude de trouver des réponses, des apaisements aux souffrances de Max. D'en chercher, en tout cas.

Elle a l'impression de servir à quelque chose, en vérité c'est juste parce qu'elle l'aime. Elle achète des boules qu'on triture pour lutter contre les crampes dans les mains.

Je ne suis pas sûre qu'il s'en soit beaucoup servi.

Ils prennent aussi l'habitude de parler d'amour, de l'amour et des malentendus entre les hommes et les femmes.

C'est le sujet de conversations que Max préfère, et ça devient le sujet favori de Nouk, peu à peu.

Elle lui apporte des livres, mais il lit de plus en plus difficilement. Elle apporte des cassettes à écouter. *Enfance* de Nathalie Sarraute. Il parle de ce qu'il a écouté en disant : «J'ai lu que...» C'est pareil.

Elle vient goûter avec ses deux filles, elles apportent des financiers et des calissons.

Quand elle vient déjeuner, elle apporte de plus en plus souvent des fleurs. Il la gronde à chaque fois, il dit que ça coûte cher, que c'est idiot.

Alors, elle finit par ne plus en apporter.

La semaine suivante, elle remarque un bouquet de roses en tissu sur la table ronde de la salle à manger.

— C'est de votre faute, dit Carmen, la femme de ménage. Vous nous avez donné l'habitude d'avoir des fleurs, aussi en ai-je acheté, ce sont des fleurs artificielles, nous sommes constamment fleuris.

Nouk, désormais, rapporte de vraies fleurs.

Ces pois de senteur, ces roses, ces lys et ces freezia qui sont l'expression de sa reconnaissance.

COMPOSITION : CHARENTE-PHOTOGRAVURE À L'ISLE-D'ESPAGNAC
IMPRESSION : NORMANDIE ROTO IMPRESSION S.A.
DÉPÔT LÉGAL : FÉVRIER 1994. N° 060 (I3-2637)